Los mejores chistes de fulanas

ROBIN BOOK

Diseño de cubierta: Regina Richling
Ilustración de cubierta: iStockphoto
Diseño interior: Media Circus

ISBN: 978-84-9917-114-2
Depósito legal: B.-14.188.-2011

Impreso por Gràfiques92, S.A., Avda. Can Sucarrats, 91, 08191 Rubí
Impreso en España - *Printed in Spain*

En el puti...

... yo pago, yo pido

Un enanito entra en un puticlub y le dice a la madame:

—Quiero a la puta más grande que tengas.

—Pero ¿cómo de grande? Mira que la que tengo aquí es enorme y tú eres muy pequeñito.

—Pues mejor, quiero ésa.

Sale Jaqueline: dos metros diez de altura, ciento treinta kilos. Coge al enanito de la mano y se lo lleva a una habitación. Una vez dentro le dice:

—Ya verás, te voy a hacer de todo.

—De todo no, que aquí pago yo así que también mando yo. Quítate la ropa.

La mujer se va desnudando, y lo mismo va haciendo el enano.

—Ahora quiero que me cojas y me levantes.

Jaqueline le coge de la cintura y lo va levantando.

—Súbeme lo más alto que puedas —dice el enano—. Y mantenme así, por encima de la cabeza.

Al punto el enano pone los brazos en jarra y dice orgulloso:

—¿A que parezco un botijo?

A un hombre le toca una riada de millones en la lotería y como no sabe qué hacer con tanto, decide ir al puticlub más caro de la ciudad.

—Muy buenas, me ha tocado la lotería y quiero a una chica para toda la noche.

—Bien, entre en la tercera puerta de la derecha; y tenga cuidado con el escalón.

El hombre entra en el cuarto y mientras espera, se va desvistiendo. Al rato entra una tía buenísima vestida sólo con unas medias, un delantal, un gorrito y un carrito de helados.

La chica deja el carrito al lado de la cama y con cara de vicio coge una bola de helado de chocolate y se lo pone en sus partes al hombre, después le pone helado de vainilla, luego una bola de helado de nata, le echa nata montada por encima, sirope de chocolate y para terminar, un par de guindas con una sombrillita en la punta. Luego, con ojillos viciosos y voz sensual, le dice al hombre:

—Y ahora ¿quién se va a comer eso?

—Eso cae aunque me parta la espalda, ¡que tiene una pinta!

Dos amigos salen de un puticlub y uno le dice al otro:

—Tío, ahora entiendo eso de que las putas no dejen que se las bese en los labios.

—¿Por qué?

—Porque si cierran las piernas te parten las gafas.

Tres hombres ancianos llegan a un burdel en busca de señoritas de compañía.

—Queremos tres señoritas, pero antes de nada, ¿nos hace el favor de traernos unos chocolates calientes?

—Por supuesto que sí. Ahora mismo se lo sirvo.

Les lleva las bebidas y al poco se acerca de nuevo a ellos.

—Qué, caballeros, ¿ya están preparados para las tres damas?

—Mejor traiga sólo dos —replica uno—. Mi amigo se ha quemado la lengua.

Un hombre entra en un restaurante y pide un plato de espaguetis. El camarero le sirve el plato y al rato el cliente empieza a gritar atrayendo sobre sí la atención del gerente.

—Perdone, señor, ¿qué es lo que ocurre?

—Acabo de encontrar un pelo en mi plato. Quiero que me traigan la hoja de reclamaciones.

—Por supuesto, señor, mil perdones.

Tras poner la reclamación, el hombre sale del restaurante. Mientras tanto, el cocinero es despedido por el incidente y sale del local en busca del hombre que le acaba de arruinar la vida. Le ve entrar en una casa y va corriendo detrás. Al llegar ve que es una casa de putas. Llama al timbre y le abre una señora:

—¿En qué puedo ayudarle?

—¿Dónde está el hombre que acaba de entrar?

—En la habitación 24, pero no puede entrar ahora. Está ocupado.

Haciendo caso omiso, el cocinero va hacia la habitación y al abrir la puerta se encuentra al hombre comiéndole todo a una prostituta.

—Maldito desgraciado. Tanto jaleo por un simple pelo y aquí estás sin que parezca importarte mucho todo el que ella tiene.

—Bueno, amigo, cálmese —dice el otro, desnudo sobre la cama—. Todo es cuestión de orden. Vamos a ver, si ahora me encontrase aquí un espagueti, tenga por seguro que montaría un pollo exactamente igual al que monté en el restaurante.

En un puticlub un hombre le enseña a la madame un maletín lleno de dinero:

—Quiero a una puta que se atreva a hacerlo a pelo —le dice.

Cuando están en la habitación haciendo el amor, la puta pregunta preocupada:

—¿Tú crees que me quedaré?

—Tú no sé, pero yo en cuanto termine me piro.

Un hombre que tenía un poco de sobrepeso lee en el periódico un anuncio que decía: «Puticlub Ponte en Forma, adelgaza y disfruta». Sin pensarlo, se presenta allí y la madame le explica el funcionamiento de tan sorprendente proyecto:

—Tenemos dos modalidades: la de perder diez kilos en tres días o la de perder treinta en uno.

—De momento voy a probar la modalidad de los diez kilos —responde el cliente.

La madame pulsa un botón y aparece una rubia despampanante con una camiseta en la que se puede leer: «Si me alcanzas, soy toda tuya». La joven sale por la puerta, corriendo a toda velocidad y el hombre comienza a perseguirla. Cuando la alcanza, se pasan tres días haciendo el amor y el cliente satisfecho adelgaza diez kilos por el esfuerzo.

Asombrado, se lo cuenta a un amigo al que también le sobran unos cuantos michelines; y cuando éste va al puticlub, pide decidido la modalidad de los treinta kilos. Entonces, la madame pulsa un botón y aparece un mulato enorme con una camiseta en la que pone: «Si te alcanzo, eres todo mío».

Un hombre entra en un puticlub, paga los doscientos euros por adelantado a la puta con la que quiere pasar el rato y cuando está en la habitación con ella comienza a sonar la alarma de incendios. La chica, asustada, sale corriendo y el hombre sale corriendo detrás de ella y se da de bruces contra los bomberos.

—¿Has visto a una rubia despampanante corriendo con doscientos euros en la mano? —le pregunta a uno de ellos.

—No.

—Bueno, pues si la ves tíratela que ya está pagada.

Un hombre va a un puticlub y cuando termina de hacerlo con la prostituta ésta le pregunta:

—Oye, tú no tendrás sida, ¿verdad?

—No.

—¡Menos mal! Ya sería mala suerte cogerlo dos veces la misma semana.

Un joven aún virgen va a un prostíbulo en busca de una experta en la materia que pueda enseñarle cómo hacerlo.

—No se preocupe —le dice ella—, yo le iré indicando en todo momento cuál ha de ser su siguiente paso.

La mujer se desnuda, se tumba en la cama y le pide al muchacho que haga lo mismo. Éste la obedece y se recuesta junto a ella.

—Muy bien. Ahora ponte encima de mí. Eso es… Ahora métemela, cariño… Toda dentro… Ahora sácala… Vuélvela a meter… Sácala…

—Joder —dice el chico, deteniéndose de golpe—, ¡quieres aclararte de una vez antes de seguir!

Un tipo estaba muy acomplejado porque no tenía pelo y decidió ir a un puticlub. Allí, la madame le dice:

—Tengo la solución perfecta, pase a esa habitación, que ahora mismo le envío a Patty, nuestra prostituta ciega. No ve nada, así que relájese y disfrute.

Cuando la puta entra en la habitación se sienta a tientas en la cama, le toca la cabeza al calvo y luego dice, horrorizada:

—¡¿Eso es la cabeza?!

El hombre, desolado, contesta:

—Sí.

—Pues eso se lo va a meter quien yo te diga.

Tres amigos deciden ir a un prostíbulo y compartir los servicios de la misma chica. Ésta les explica que allí se cobra en función de la medida del miembro, y tras un cruce de miradas, los tres asienten conformes. Cuando el primero de ellos sale de la habitación, los otros dos le preguntan:

—Tío, ¿cuánto le has tenido que pagar?

—Veinte euros —dice el chico todo orgulloso.

Entra el segundo y al salir lo mismo, le preguntan cuánto ha pagado.

—Treinta euros.

Va el tercero dentro mientras los otros dos se quedan esperando orgullosos con sus medidas. Al salir le preguntan:

—¿Dinos, cuánto?

—Cinco euros.

Los otros dos comienzan a reírse.

—A ver, chicos —les interrumpe el tercero—, no soy estúpido. He pagado por lo que quedaba fuera, no por lo que entraba.

Un chico entra en una casa de putas y solicita la compañía de seis chicas para pasar la noche. A la mañana siguiente, cuando va a pagar, la madame le indica que no tiene que abonar nada, que es gratis. Muy contento por la noticia, se va del local. Después de unos días decide volver de nuevo y solicita una vez más la compañía de seis chicas para pasar la noche. A la mañana siguiente, antes de abandonar siquiera la habitación, la madame le presenta una factura de mil euros.

—Pero ¿cómo puede ser esto? Es imposible. El pasado martes no tuve que pagar nada.

—Bueno, porque el martes es el día de web cam.

Un viejo está en un puticlub acostándose con su puta de siempre cuando de pronto le dice:

—¡Feliz año nuevo!

—Pero papito, si estamos en junio, faltan meses todavía.

—¡Feliz año nuevoooo!

—Mira, como no te pongas la dentadura, creo que no te entiendo.

El abuelo se la pone y repite:

—¡Felicia, me muero!

Un hombre entra en una casa de putas pero no tiene muy claro qué le apetece más.

—No se preocupe usted. Para clientes indecisos tenemos un sistema infalible para que averigüen hacia dónde exactamente se encaminan ese día sus preferencias. En el patio trasero hay una valla con tres agujeros. Lo que tiene que hace es meterla dentro de cada uno de ellos y después tomar una decisión.

Así que el hombre se dirige a la valla y la mete en el primer agujero donde nota unos sensuales labios alrededor de su miembro.

La mete en el segundo y nota cómo unas manos le tocan suavemente.

En el tercer agujero nota cómo la mete dentro de un chichi.

Después de probar los tres vuelve al mostrador y le dice la gerente:

—Bien, ¿qué ha decidido? ¿Qué servicio de nuestras chicas prefiere?

—Olvídese de las chicas. ¡Quiero treinta metros de esa valla!

Dos muchachotes de un pueblo deciden hacer una apuesta para ver cuál de los dos puede practicar más veces sexo en una noche. Así que se van al puticlub y cada uno se encierra en una habitación con su correspondiente chica. Uno de ellos empieza con la suya y al acabar dibuja una raya con el boli encima del cabecero. Después se queda dormido durante unas horas. Al despertar, vuelve a hacerlo una vez más, en esta ocasión con menos ganas que antes, pero aun así consigue acabar. Así que hace otra muesquita. Vuelve a dormirse y se despierta antes del amanecer para hacerlo una tercera vez, con lo que dibuja una tercera raya en la pared. Y esta vez se queda dormido del todo.

A la mañana siguiente el otro chico entra despacio en la habitación del primero para ver cómo le ha ido. Echa un vistazo a la pared y dice:

—Mierda, ciento once. Me ha ganado por tres.

Un hombre calvo, harto de no ligar por su falta de pelo, decide ponerse una peluca e ir a un puticlub. Cuando está en la habitación con la puta, le dice:

—Mira, es que soy un poco tímido, ¿te importa si apagamos la luz?

La puta se levanta, apaga la luz y el hombre se quita la peluca para estar más cómodo. Al volver, la puta da un grito y se retira unos pasos:

—¡Pero será guarro! ¡¿Quieres quitar el culo de la almohada?!

Un chico va a un puticlub y después de acostarse con la puta le dice:

—A partir de ahora te voy a llamar Eva.

—Llámame como quieras, pero ¿por qué Eva?

—Porque eres mi primera mujer.

—Pues entonces yo te llamaré Seat.

—¿Por qué?

—Porque eres el número 600.

En un puticlub, una profesional del sexo le está haciendo un griego a su cliente cuando de repente exclama:

—¡Coño, se ha muerto Michael Jackson!

—¿Y eso qué tiene que ver con lo que estamos haciendo ahora?

—Bueno, si no te limpiaras el culo con papel de periódico…

En una despedida de soltero, cuatro amigos van a un prostíbulo para montar una orgía. Cuando están en plena faena se escucha:

—¡Organización, organización!

Uno de los amigos enciende la luz y dice el futuro novio:

—A ver si nos organizamos un poco, que somos diez chicas y cuatro chicos y ¡ya es la tercera vez que me dan por el culo!

—¿Cuánto cuesta aquí acostarse con una mujer?

—Hombre, depende del tiempo.

—Vale, pongamos que llueve.

En un puticlub un hombre le dice a la puta:

—¿Por qué no hacemos un 112?

—¿Qué es eso?

—Pues un 69 pero con una botella de Licor 43 por el culo.

Un hombre tremendamente alto entra en un puticlub y le dice a la madame:

—Quiero contratar los servicios de una señorita.

La madame le mira de arriba abajo y responde:

—Me temo que sólo me queda libre Galinda, una chica muy bajita.

—No pasa nada, nos arreglaremos bien.

En la habitación, mientras espera por la chica, el hombre se desnuda y cuando entra, él exclama, exigente:

—¡Tú, cómetela!

Y la puta, asustadísima, replica:

—¡Nooo, a mí nooooooooooo!

Un hombre entra en un puticlub y le dice la puta:

—¿Qué te apetece hoy, hacemos un 69?

—Mejor hacemos un 68.

—¿Cómo se hace?

—Tú me la chupas y te debo una.

En un puticlub las putas están reunidas para dar una clase de repaso.

—A ver, chicas —dice el profesor—, vamos a repasar los orgasmos. Venga, Lucinda, el orgasmo matemático.

—¡Más, más!

—El asmático.

—¡Ah, ah!

—Perfecto, ahora el geográfico.

—¡Aquí, aquí!

—Excelente, a ver, Genoveva, el orgasmo religioso.

—¡Ay, Dios mío!
—¿Y el suicida?
—¡Que me muero!
—Y para terminar, el homicida:
—¡Como pares, te mato!

El hombre más feo del mundo entra en un puticlub y al verlo, ninguna de las putas quiere acostarse con él. Indignado, el tipo saca un maletín lleno de dinero y la madame le dice a una de las putas:

—Vete a llamar a la Power Ranger, que ésa se revuelca con cualquier monstruo.

Un hombre entra en una casa de putas.

—Perdone, ¿cuánto cuestan los servicios de una de sus chicas?

—Cien euros.

—¿American Express?

—Puede hacerlo a la velocidad que le dé la gana, guapo.

Un hombre está con una puta en un prostíbulo y en plena faena la chica le dice:

—¡Oh sí, qué bien!

—¿Te gusta?

—¡Me encanta!

—¿Quién es el mejor?

—¡Tú, tú! ¡Eres un monstruo!

—¡Tú sí que eres fea, hija de puta!

Un enano bastante feo va a un puticlub pero ninguna de las chicas quiere acostarse con él, así que al cabo de un rato, harto de que le ignoren, se saca el pene para llamar la atención.

En ese momento todas las chicas se quedan alucinadas mirando su miembro, que mide casi ochenta centímetros. Al cabo de un rato, una de las putas recupera el habla y le dice:

—¡Qué maravilla! ¿Nos dejas que la toquemos?

—Vale, pero nada de chuparla que antes medía un metro.

En un puticlub, un hombre cierra tras de sí la puerta de un cuarto y al llegar a la recepción le dice a la madame:

—Perdone, ¿la salida?

—¡Pero si viene usted de estar con ella!

Un anciano va a un puticlub y cuando está en faena con la puta comienza a murmurar por lo bajo:

—Diecisiete setenta, diecisiete setenta.

—Como no te pongas la dentadura, no entiendo nada.

El abuelo se pone la dentadura y repite:

—Que digas si sientes que te entra.

Dos amigos salen de un puticlub.

—¿Qué tal con la tuya?

—¡Jo, tío! Tenía el clítoris como la punta de un boli Bic.

—¿De grande?

—No, no, de mordido.

Un chico está muy nervioso porque acaba de cumplir dieciocho años y su mejor amigo le ha regalado una noche con una puta. Cuando van a entrar al puticlub le confiesa que no sabe si sabrá hacerlo.

—No te preocupes —responde el amigo—, en el coche tengo unos walkie talkie: tú te llevas uno y yo te voy diciendo lo que tienes que hacer.

Más tranquilo, el chico entra en el puticlub, va a la habitación con la prostituta y su amigo comienza a decirle:

—Ahora vete quitándole la ropa.

El otro hace lo que le dice y empieza a desnudar a la chica, que hace lo mismo con él.

—Vale, ahora túmbala sobre la cama.

El otro obedece.

—Y ahora coge lo que tú y yo tenemos y méteselo con ganas.

Entonces la puta exclama sorprendida:

—Mira que los clientes me hacen cosas raras, pero meterme un walkie talkie…

Un hombre entra con un maletín lleno de dinero a un puticlub, escoge a una puta y le dice:

—Quiero que me hagas una tatarabuela.

—Si yo te hago lo que quieras, pero ¿qué es una tatarabuela?

—La mama de la mama de la mama de la mama.

Era una aldea tan humilde, tan humilde, que en vez de tener casa de putas, tenían cabañas de paja.

Conversan una madame y un cliente:

—¿Qué tal, papito?

—Me gustaría hablar un rato.

—Claro, rey, lo que tú quieras.

—¿Qué opinas de la postura del presidente?

—Pues ésa no me la sé, pero si quieres te la chupo.

Una adolescente va a un puticlub a pedir trabajo y el chulo le dice con ironía:

—Anda, niña, vete de aquí que aún tienes los dientes de leche.

Y la muchacha, limpiándose con la manga, replica:

—¡Uy! Perdón, que no me había dado cuenta.

Un hombre va a un puticlub y cuando entra en la habitación le dice a la puta:

—Tienes que saber que soy eyaculador precoz.

—¡Hay que joderse!

—¡Aaahhh!

El hombre con el pene más grande del mundo va a un puticlub y al quitarse los pantalones en la habitación, la pobre chica se queda horrorizada.

—¡Es enorme! No puedo acostarme contigo, me dolería demasiado. ¿Quieres que te haga una mamada?

—¿Qué? Eso me lo puedo hacer yo gratis.

Un hombre ve a una puta en una esquina y le pregunta:

—¿Cuánto cuesta?

—Veinte euros meterla y veinte sacarla.

El hombre acepta y cuando ya llevan cinco horas haciéndolo, la puta que estaba un poco harta le dice:

—Bueno, qué, tendremos que terminar en algún momento, sácala ya.

—Es que sólo tengo dos de diez.

Al terminar de hacer el amor, una puta le dice al cliente:

—Oye, ha sido maravilloso y te lo digo yo, que soy una profesional. De hecho, si quieres podemos volver a hacerlo gratis.

—Vale, pero tengo que descansar diez minutos y mientras tanto tendrás que sujetármela.

Pasados los diez minutos vuelven a hacer el amor y al terminar, la puta le dice de nuevo que si quiere echar otro polvo gratis.

—Sí, pero ya sabes, diez minutos de descanso mientras me la sujetas.

—Vale aunque, sólo por curiosidad, yo comprendo que necesites descansar diez minutos, pero ¿por qué quieres que te la sujete?

—Porque la última vez que estuve en un puticlub, me robaron la cartera.

Una madame abre la puerta del burdel y se encuentra con un elegante caballero de mediana edad.

—¿Puedo ayudarle?

—Quiero ver a Natalia.

—Natalia es nuestra dama más cara.

—No importa, debo verla.

La madame va a buscar a la chica y cuando aparece, le explica al caballero que ella cobra tres mil euros por dar placer a quienes la visitan.

Sin pestañear, el hombre mete la mano en el bolsillo y le entrega treinta billetes de cien. Ambos entran en una de las habitaciones y al cabo de una hora el tipo sale silbando.

La noche siguiente, el mismo caballero aparece nuevamente y solicita ver a Natalia, quien le replica que es muy raro repetir dos noches seguidas y que si va a pedir descuento, que ya se puede ir yendo a otro sitio.

Nuevamente el hombre echa mano de su cartera y le entrega otros treinta flamantes billetes de cien. Como el día anterior, se encierra durante una hora en una de las habitaciones en compañía de Natalia y luego se va silbando bajito.

Cuando aparece nuevamente una tercera noche consecutiva, nadie puede creerlo. El hombre vuelve a entregarle tres mil euros y desaparecen durante una hora.

Al salir, Natalia, intrigada, le dice al tipo:

—Nadie había usado mis servicios tres noches consecutivas. ¿De dónde eres, mi amor?

—De Fuenteltajo.

—¡¿De Fuenteltajo?! ¿En serio?

—Sí.

—¡Yo tengo familia allí!

—Lo sé, tu padre ha fallecido, yo soy el abogado. Tus hermanas te envían saludos y los nueve mil euros que te corresponden de la herencia. Buenas noches.

Un marinero vuelve a tierra después de haber estado un año en alta mar y lo primero que hace es irse de putas.

Cuando está en el puticlub, listo para la faena, resulta que no se le levanta.

—¿Qué te pasa? —pregunta la puta, sorprendida.

—No sé, es que después de tanto tiempo en alta mar, echo de menos el vaivén de las olas durante la tempestad.

—Hombre, eso se puede arreglar, pero te va a costar dinero.

—El dinero no es problema.

Entonces la chica se tumba en la cama y con los brazos extendidos agarra el colchón y lo empieza a menear, pero nada, aquello sigue sin levantarse.

—Es que me falta la brisa del mar. Echo de menos el viento durante la tempestad.

—Se puede arreglar, pero te va a costar.

—Ya sabes que el dinero es lo de menos.

Mientras sigue meneando el colchón, la puta le sopla en la cara frenéticamente.

—¿Qué tal ahora?

—Bueno... Si hubiera relámpagos...

—Eso duplica la cifra.

—No pasa nada.

Y la chica mientras mueve el colchón y le sopla en la cara, enciende y apaga la lámpara de la mesilla.

—Ahora tiene que estar bien, ¿no?

—¿Y los truenos?

—El triple.

—Vale.

Ahora mientras la chica mueve el colchón, le sopla en la cara y enciende y apaga la luz, golpea con el pie las persianas para hacer ruido.

—Me falta el salpicar de las olas sobre la cubierta del barco.

—Entonces será cinco veces el precio.

—Sin problema.

Entonces la puta mientras menea el colchón, sopla frenéticamente en su cara, enciende y apaga la luz y golpea con el pie las persianas, vierte una jarra de agua sobre el marinero y dice:

—¿Podemos follar ya?

—¿Con este temporal? Imposible.

Un hombre entra en un bar y ve un cartel colgado sobre la barra en el que se puede leer: «Sándwich de queso cuatro euros. Sándwich de pollo seis euros. Masturbación cien euros».

Después de leerlo, el cliente mira en su cartera y al ver que tiene dinero le dice entre susurros a una de las tres rubias espectaculares que atendían la barra:

—Disculpa, ¿eres tú la que masturba?

—¡Sí! Soy yo y lo hago maravillosamente.

—Bueno, pues lávate muy bien las manos, que quiero un sándwich de pollo.

Al caer la noche, un viejo de setenta años va al prostíbulo más solicitado de la ciudad y le dice a la madame:

—Quiero a la señorita más caliente del lugar.

—Pues son trescientos euros.

El anciano paga y le dirigen a una habitación donde le espera la prostituta.

Al verla, el viejo se acerca a ella tembloroso y comienzan a hacer el amor. Un rato más tarde el hombre empieza a gemir:

—¡Uhm! ¡Ah! ¡Oh!

—¿Qué te pasa, te has corrido ya?

—No, ¡me he cagado!

Un adolescente va a un puticlub y le dice a la madame:

—Quiero a la mejor puta que tengan, porque soy virgen y deseo que mi primera vez sea increíble.

—Pero ¿tú cuántos años tienes?

—Dieciséis.

—Pues me temo que tendrás que esperar a cumplir los dieciocho, porque si no sería ilegal.

—Bueno, esperaré, pero ¿cómo podría practicar para ser un buen amante cuando vuelva?

—Pues practica todos los días metiendo tu palo en el agujero de un árbol y ya verás cómo te conviertes en un gran amante.

Los dos años pasan rápidamente y cuando el chico vuelve y está con la puta, ésta le dice:

—Pero ¿qué haces?

—Pues meter un palo a ver si hay ardillas.

Dos niños están jugando delante de un puticlub y ven que unos hombres entran con un billete de cincuenta euros y salen con una gran sonrisa, así que empiezan a pensar y uno le dice al otro:

—¿Qué crees que pasa ahí dentro?

—No tengo ni idea.

—¿Por qué no entramos a ver?

Los pequeños llaman a la puerta y les abre la madame.

—Hola, chicos, ¿qué queréis?

—Yo tengo dos euros.

—Y yo uno y medio.

La madame les coge las monedas, les da un par de bofetadas a cada uno y les cierra la puerta en las narices. Entonces, avergonzados, echan a andar y uno de ellos dice:

—Pues no lo entiendo, ¿tú podrías aguantar así hasta gastarte cincuenta euros?

Dos agricultores van a París, deseosos de conocer la gran ciudad, y deciden irse de putas. Cuando están en el puticlub, la madame tiende hacia ellos dos preservativos:

—Tenéis que poneros esto —les dice.

—¿Y eso?

—Para que mis chicas no se queden embarazadas.

—No hay problema.

Después de unos días vuelven al pueblo y varios años después, cuando están sembrando, uno le dice al otro.

—Oye, ¿a ti te importa que aquellas dos francesitas se queden embarazadas?

—La verdad es que no.

—Pues yo creo que ya va siendo hora de quitarnos estos plastiquitos del pito, ¿no?

Un hombre llega a un prostíbulo con la intención de pasar un buen rato. Contrata los servicios de una señorita y cuando está a punto de empezar la faena aparece una patrulla de la policía haciendo una redada y llevándose a todo el mundo fuera del local. El hombre, aún desnudo, se resiste con todas sus fuerzas mientras va gritando:

—¡Mi mamá! ¡Mi mamá!

—Pero ¿cómo puede ser usted tan degenerado y estar en un local de estos con su madre? —pregunta un policía, sorprendido—. ¿Es que se ha vuelto loco?

—Que no, que no es eso. Grito por la mamá que pagué y que aún no me han hecho.

—Quiero una mujer fea, con mal carácter, gorda y que además no pare de preguntar cuándo voy a acabar —le dice un cliente al responsable del puticlub.

—Pero hombre, ya que va a pagar, ¿no prefiere una de nuestras lindas chicas? Las tenemos de todos los tipos. ¿Por qué empeñarse en una como la que me describe?

—Es que llevo de viaje de negocios dos meses y empiezo a echar de menos a mi mujer.

Un hombre entra a un prostíbulo y nada más cruzar el umbral se queda prendado de una jovencita. Se acerca a ella y le dice:

—Tus ojos son como luceros en el infinito.

—Gracias, mi amor.

—Tus manos son como pétalos de rosas.

—Qué romántico.

Él la besa y continúa con el recital:

—Tus labios saben a madera de Oriente.

—Anda, pues en eso igual aciertas porque le acabo de hacer una mamada a un chino.

Dos amigos se encuentran en la salida de un puticlub y uno le dice al otro:

—No veas qué suerte acabo de tener.

—¿Por qué?

—Porque según iba subiendo las escaleras con una puta del brazo, me he cruzado con mi mujer y no me ha visto por los pelos.

Un hombre entra en la habitación del prostíbulo con una puta. Se desnudan y el tipo le dice:

—Te pago cincuenta euros más si me dejas que te haga una guarrada.

—Vale, te dejo.

—Pues cierra los ojos y métete en la cama.

Al cabo de un rato él se mete también en la cama y empieza la faena. Al terminar la puta le pregunta extrañada:

—¿Por qué me dijiste que me ibas a hacer una guarrada? No has hecho nada raro.

—¿Cómo que no? Me cagué dentro de tu bolso antes de meterme en la cama.

Un tipo acude a una casa de putas en busca de la más barata, pero resulta ser un lugar para gente rica de verdad y la más barata que tienen cuesta trescientos euros. Ya que estaba allí, el hombre acepta el precio y se sube a una habitación con la chica. Nada más entrar empieza el tipo a hacerse una paja.

—Pero ¿qué haces? —pregunta la prostituta, extrañada.

—Hombre —responde él—, por trescientos euros no esperarías un trabajo fácil.

Un tío entra a un puticlub buscando a una puta con sífilis.

—Pero ¿usted qué se ha creído? —le responde la madame, escandalizada—. Éste es un local elegante. Todas mis chicas están limpias y aquí no tenemos ninguna con enfermedades.

—Pues usted verá, pero o lo hago con una sifilítica o me llevo mi dinero a otra parte. No me creo que ninguna de sus chicas lo tenga.

Al final la jefa se deja convencer y va a hablar con una de sus profesionales.

—Mira, este tío no para de insistir en que quiere una con sífilis. ¿Por qué no le dices que estás enferma y que acabas de venir del hospital? Le cobraremos el doble.

La chica acepta, así que se lo lleva a una habitación y después de la sesión, mientras están los dos en la cama fumando un cigarrillo, el hombre dice:

—Jo, vaya suerte haber encontrado a alguien con sífilis.

—En realidad he de confesarte algo: te mentí, no tengo sífilis.

—¿Ah no? Pues ahora sí.

Un tipo va a un burdel y pide la puta más grande y gorda que haya. Le enseñan a la más enorme del local pero a él no le parece suficiente: quiere a alguien mucho mayor. Como el hombre estaba empeñado en conseguir a la más gorda, le dan la dirección de un prostíbulo cercano donde se comenta que trabaja una puta enorme. Nuestro protagonista va allí, pero de nuevo no le parece lo bastante grande. Así va de burdel en burdel hasta que al final le recomiendan uno que está en la otra punta del país, donde se dice que trabaja la mujer más gorda del mundo. Decidido a conseguir su capricho, coge un avión y se planta en el burdel en cuestión.

—Vengo buscando a la puta más gorda y grande que tengan.

—Tendrá que ir a verla usted, porque es tan gorda que no puede ni moverse de la cama.

Entra en la habitación que le indican y la cara se le ilumina al ver su sueño hecho realidad. Allí estaba en una cama reforzada con vigas la mujer más inmensa del mundo. Las carnes le rebosaban por los dos lados de la cama y las tetas eran tan grandes que las tenía que apartar para ver quién había entrado en la habitación. El cliente permaneció ensimismado mirándola hasta que ella le sacó del trance:

—Bueno, ¿vas a decir ya qué quieres?

—Pues venía a pasar un rato contigo.

—Date prisa que tengo hambre, así que empieza ya.

El tío consigue escalar la montaña de grasa y se pone manos a la obra hasta que al cabo de un rato dice:

—Perdona, ¿te importaría apagar la luz?

—Esto es el colmo. Si te parezco tan gorda y fea que quieres hacerlo a oscuras no entiendo por qué has venido hasta aquí.

—No, si no es eso. Es que la bombilla del techo me está quemando el culo.

Un tío sale de la cárcel donde ha pasado veinte años y lo primero que hace es irse a una casa de putas. Elige a una y se la lleva a toda prisa a la habitación. Al terminar la puta le dice:

—Tú acabas de salir de la cárcel, ¿verdad?

—Pues sí. ¿Cómo lo has sabido?

—Una que es observadora…

—Ha sido porque solicité a la madame una profesional que se dejará dar por el culo, ¿verdad?

—Bueno, eso me hizo sospecharlo —asiente ella—, pero lo he sabido cuando al acabar has cambiado de postura y has dicho: «Ahora te toca a ti».

Tras muchos años de esfuerzo, una prostituta ha conseguido reunir una importante suma de dinero y decide abrir su propio negocio. Compra un edificio enorme y para atraer clientela de todos los gustos contrata profesionales de todos los sectores: camareras, amas de casa, conductoras de autobús, maestras…

Tras un tiempo, se da cuenta de que lo más demandado por sus clientes son las maestras. No entiende por qué, ya que tiene otras profesionales mucho más guapas y más diestras que ellas, así que decide contratar a un hombre que pruebe todo el repertorio y averigüe cuál es el secreto del éxito de las maestras.

El tipo decide empezar por las modelos. Entra en la habitación de una de ellas y cuando van a empezar la faena la chica comienza a decir:

—Ten cuidado, no me toques el pelo así, que me despeinas… Ojo con cómo me quitas la falda porque me la estás destrozando…

La chica era muy guapa, pero un desastre.

El catador decide probar después con un ama de casa, pero el resultado es parecido al de la modelo:

—No pises ahí, que acabo de fregar la habitación… La chaqueta cuélgala en la percha, que para algo está… No te sientes en la cama, que la deshaces…

Sigue probando chicas hasta que las únicas que faltan por probar son las maestras, que ha preferido dejar para el final. Al entrar al cuarto la maestra le mira y le dice de manera amenazante:

—Mira, esmérate, porque si lo haces mal vamos a tener que repetirlo una y otra vez hasta que aprendas.

Un conejito que acaba de cobrar su primer sueldo decide ir a una casa de mal vivir en su barrio, allá en la selva. Al llegar llama a la puerta y le abre la madame, una leona imponente.

—¿Qué quieres?

—Pues verá, es que acabo de ganar mi primer sueldo y he decidido venir a gastármelo en lo mejor que pueda ofrecerme.

—Muy bien —dice la leona, que ha visto la oportunidad de hacer un buen negocio—. Te puedo ofrecer a Petra, la jirafa, que últimamente está siendo todo un éxito.

—Ya... Lo que pasa es que creo que no sería muy viable. Tendría que estar saltando cada vez que quisiese meterla. No, mejor otra cosa.

—Es verdad, no me había dado cuenta... Bueno, ¿y qué tal Gregoria, la elefanta? Desde que se unió a nosotros la clientela ha aumentado en más de un treinta por ciento.

—Mmm... No sé, creo que si me la tirara, con lo grande que lo tiene y lo pequeño que soy yo, no sentiría nada. Y yo quiero que la muchacha se divierta también.

La leona le sigue ofreciendo sus productos pero no encuentra nada que le vaya bien al conejo, hasta que al final...

—¡Ya lo tengo! Ayer nos llegó una nueva: María la boa. Además, te la puedo dejar más barata porque todavía no tiene mucha experiencia. Pero estoy segura de que te hará muy feliz.

—Sí, sí, María la boa —dice tan feliz—, yo quiero la boa.

El conejito paga el dinero y se dirige al cuarto de María. Al entrar, ésta lo mira sonriendo y se lo come de un bocado, y es que todos sabemos el irresistible manjar que supone un conejo para una boa. Se acuesta para digerir su presa, y empieza a pensar: «La verdad es que no sé si esto está bien. Mi primer cliente en esta casa y me lo como. Creo que será mejor no buscarme problemas. Así que...».

—¡Puaaaj!

La boa escupe al conejo, que se queda estampado contra la pared, mirando con cara de asombro y dice:

—Coño, ¡qué mamada!

Un tío llega a un burdel y deja quinientos euros encima del mostrador.

—Vengo buscando a una chica que sea capaz de aguantar lo que tengo entre las piernas, porque te aseguro que es muy grande.

«Bueno, hombre, ya será menos», piensa ella, pero en vez de eso le dice:

—Baje las escaleras y la primera puerta a la derecha. Allí le estará esperando Luci, una de nuestras chicas más diestras.

El cliente entra en la habitación, y según se baja los pantalones Luci lo mira con cara de espanto.

—Lo siento mucho, guapo, pero eso aquí no entra.

El hombre vuelve al mostrador.

—Ya le he dicho que vengo buscando a una chica que sea capaz de aguantar lo que tengo entre las piernas.

—Ya sé, entre en la segunda puerta. Seguro que Linda no le pondrá ninguna pega.

Y allá que va el hombre de nuevo a intentarlo. Entra a la habitación y nada más empezar a hacerlo la chica comienza a gritar de dolor.

El hombre, ya enfadado, sale de nuevo al mostrador y antes de decir nada la madame ya le está diciendo:

—Sí, ya lo sé. Alguna que aguante lo que tiene usted entre las piernas. Mire, vamos a hacer una cosa. Entre en la tercera puerta, pero le aviso que estará todo a oscuras. Vaya usted andando hasta que dé con algo húmedo y ahí la mete.

El cliente baja de nuevo, entra en la tercera puerta y efectivamente allí no se ve nada. Va palpando hasta que por fin da con la chica y estaba húmeda como le había dicho la madame. Se baja los pantalones, se la mete y parece que esta vez funciona. No hay gritos ni quejas. Así que piensa: «Bueno, parece que hemos dado con la buena». Complacido, le pide:

—Vamos, nena, dime algo, ¿te gusta lo que te hago?

—Muuuuuuuuuu...

En la habitación de un prostíbulo se encuentra un hombre con una de las chicas manteniendo relaciones sexuales de manera salvaje. Tan salvaje, de hecho, que en un momento dado comienzan a deslizarse de la cama y salen por la ventana. Al caer al suelo y después de un momento para recuperarse, siguen haciéndolo como locos sin importarles dónde están o quién pueda verlos en tan extraña circunstancia.

En esto pasa un borracho por su lado y se queda mirándolos. Después mira la fachada del edificio. Se acerca a la puerta y llama.

—¿Puedo ayudarle en algo, caballero? —pregunta la madame.

—No, señora, sólo vine a su refinado establecimiento para decirle que creo que se le ha caído el cartel.

Un día, después de encontrar algo de oro en Alaska, un solitario minero baja de las montañas para ir al pueblo más cercano. Entra en el bar y dice:

—Estoy buscando a la puta más basta, ruda y borde que haya por la zona.

—Pues está de suerte, amigo, porque la tenemos aquí mismo. La segunda puerta a la derecha cuando suba las escaleras.

El hombre pide también dos cervezas y se sube a la habitación que le habían indicado. Abre la puerta y repite:

—Estoy buscando a la puta más basta, ruda y borde que haya por la zona.

La puta le mira con cara de desprecio de arriba abajo.

—Bien, ya la ha encontrado.

Se quita toda la ropa, da la espalda al minero e inclina el cuerpo de manera que se agarra los tobillos.

—¿Cómo has podido adivinar que quería justo esa postura? —le pregunta el minero gratamente sorprendido.

—No lo he hecho. Pero pensé que primero querrías abrir las cervezas.

Un sindicalista va buscando un prostíbulo, pero no un prostíbulo cualquiera: busca uno donde se respeten las normas y los chulos no se lleven la mayoría del dinero.

—Buenas tardes, ¿qué hay? Querría saber si respetan las normas del sindicato. Si le pago cien euros por una chica, ¿cuánto se lleva ella?

—Bueno, la verdad es que aquí no aplicamos esas normas. La chica se lleva veinte y nosotros ochenta.

El hombre continúa con su búsqueda durante horas, cada vez más desesperanzado, cuando por fin llega a un prostíbulo donde le dicen que por cien euros, la chica se lleva ochenta y el establecimiento veinte.

—Genial. Es justo lo que estaba buscando. Aquí tiene cien euros. Veamos qué es lo que tiene.

El encargado del local le hace una señal para que mire a un grupo de mujeres que se acodan en la barra, y entre todas ellas, el sindicalista ve a una rubia impresionante de ojos verdes.

—¡Me gustaría ésa! —dice al momento.

—Señor, estoy seguro de que ésa le encantaría —le responde el otro mientras se vuelve hacia una mujer de noventa y dos años—, pero Roberta tiene aquí sesenta y siete años de antigüedad y de acuerdo con el convenio, ella es la siguiente.

... regateando

Un hombre va a un puticlub pero no quedaba ninguna chica libre. La madame, que no quería desaprovechar la oportunidad de engañarle, intenta liarle con una muñeca hinchable:

—Ahora todas mis muchachas están ocupadas, aunque tenemos una que está aprendiendo y tal vez le pueda servir. Le puedo hacer un descuento de diez euros.

—Perfecto.

—Como es novata, todavía es un poco tímida así que no habla y le gusta hacerlo con la luz apagada.

—Sin problema.

Al cabo de un rato sale el hombre pálido de la habitación y va corriendo en busca de la madame.

—¡Ha sido un accidente, se lo juro! Le mordí una teta y de pronto se tiró un pedo y salió volando por la ventana.

Un hombre entra al puticlub y empieza a regatear con la madame:

—Pues verá —le dice ella—, tenemos una señorita estupenda, guapísima. Cierto que no es la más barata, pero le aseguro que no se arrepentirá. Le saldría por cien euros. Está en la primera puerta a mano derecha

—¡Qué dice! Eso es mucho dinero. Quiero algo más barato.

—Bueno, pues más barato tenemos a una de las chicas que lleva más tiempo con nosotros. No tiene la juventud de antaño, pero se conserva estupendamente. Sólo serían cincuenta euros. Le espera en la segunda puerta a mano derecha.

—Sigue siendo muy caro, la verdad. ¿Algo más barato no tiene? Le voy a ser sincero, es que no tengo dinero.

—Haber empezado por ahí. Vaya a la tercera puerta a mano derecha, que no le cobraré nada.

El hombre empieza a andar por el pasillo.

Pasa por la primera puerta donde un cartel decía: «Puta 100 euros».

Segundo cartel: «Puta 50 euros».

Tercer cartel: «Puta calle».

Un tío entra en un puticlub.

—¿Cuánto cuesta una puta? —le pregunta a la madame.

—Depende, tenemos a la tigresa por cien euros y a la cebra por veinte.

El hombre se mira en los bolsillos y dice:

—Que sea la cebra.

Cuando están en la habitación, el hombre le dice a la puta:

—Venga, cómeme la polla.

—No puedo, soy vegetariana.

—Bueno, entonces cómeme el nabo.

Un hombre va paseando por la calle cuando al pasar por delante de una casa ve a una pareja haciéndolo entre unos matorrales. Se acerca para cotillear y de pronto ve a otra pareja detrás de un árbol, se fija mejor y hay otra pareja montándoselo en el porche.

Sin creérselo, llama a la puerta y le abre una señora.

—¿En qué puedo ayudarle?

—Verá, es que no he podido evitar ver que hay personas haciendo el amor en el jardín.

—Sí, es que esto es un burdel.

—Pero ¿por qué lo hacen fuera?

—Porque hoy es el día del mercadillo.

Un hombre va a un puticlub y se mete en una habitación con una puta.

—¿Qué quieres que hagamos? —pregunta ella.

—La verdad es que me gustaría hacerlo como con mi mujer.

—¿Y cómo lo hace tu mujer?

—Gratis.

Un hombre llega a un puticlub y le dice al chulo:

—¿Cuánto cuesta echar un polvo?

—Depende de la chica. Tenemos a dos rubias tremendas cada una por cien euros.

—¿Y algo más barato?

—Bueno tenemos a dos un poco feas pero con un cuerpazo de escándalo por cincuenta euros.

—¿Qué me das por diez euros?

—Bueno, te puedo dar a la que tiene las tetas como dos cocos.

—¡¿De grandes?!

—No, de peludas.

Un hombre llega a una casa de putas y le dice a la madame:

—¿Qué me puede ofrecer por veinte euros?

—¿Por veinte euros? Como mucho a la psicóloga, pero allá usted.

Cuando están en la habitación el hombre comienza a decirle:

—Ven aquí, déjame besarte el cuello.

—Qué libidinoso eres.

—Es que me vuelves loco, potra.

—¿Potra? Así que te gusta copular con equinos, ya me parecía que tenías pinta de sodomita zoofílico.

—Bueno, es un decir, mujer... Venga, mamita, déjame ver ese cuerpazo.

—¿Mamita? ¿Acaso me estás utilizando para dar rienda suelta a tu complejo de Edipo?

—Quiero decir que me encantas, ¡que eres divina!

—¿Divina? No sé si sabías que idealizar el sexo es un síntoma neurótico.

—¡Basta! Me tienes harto con tu mierda psicológica.

—¡Caca! Claro, te has quedado en la fase anal, ¿verdad?

El hombre, cada vez más nervioso y confundido, le dice:

—¡Déjame, por favor, no me vuelvas loco!

—Y masoquista, por lo que puedo ver.

Desesperado, el cliente agarra a la puta por el cuello y le dice con la cara desencajada:

—Me tienes hasta los huevos, ¡te voy a matar!

—¡Hala! Y encima psicópata.

La suelta y llorando dice:

—¡Vete! ¿Quiero estar solo? ¡Déjame!

—Eso es onanismo, cochino.

—¡Socorro! ¡Policía!

—Claro, llama a los agentes. Si es que en el fondo todos sois homosexuales…

Un tío va a una casa de putas y pregunta por las chicas más baratas porque casi no tiene dinero.

—Tenemos a una por cincuenta euros.

—Tiene que ser más barata.

—¿Qué te parece por veinte?

—Te voy a ser sincero, sólo tengo cinco euros.

—Pues por eso lo único que te puedo ofrecer es la habitación de los espejos.

El tipo no tiene muy claro lo que es, pero acepta. Así que paga los cinco euros y se mete en una habitación llena de espejos con una gallina en medio. El hombre, como está desesperado, comienza a beneficiarse a la gallina.

Al cabo de unos días decide volver pero para ver actuaciones en vivo. Así que le meten en una sala donde hay más gente sentada mirando por una especie de ventana. Al otro lado se ve a una chica jugando con un vibrador. El hombre todo entusiasmado le dice a uno de los que están allí:

—Oye, qué bien está esto, ¿no?

—Pues si llegas a venir el otro día... ¡Había un tío follándose una gallina!

Un tipo entra en un puticlub y ve a una exuberante, voluptuosa y explosiva rubia con una pequeñísima minifalda sentada en espera de clientes. Se sienta delante de ella y comienzan a hablar de precios.

—Por menos de doscientos no te hago nada, cariño.

—Pero es que doscientos es mucho. Déjamelo a la mitad, anda...

—Ni hablar. Tengo demasiadas habilidades como para rebajar mi precio. ¿Quieres ver alguna?

—Sí, claro.

—Ponte enfrente y mira. Voy a hacer que mi chochito te mande un beso.

La joven separa un poco las piernas y de manera sorprendente sus labios vaginales mandan un gran beso. El hombre, asombrado, le pregunta qué más puede hacer.

—También puedo hacer que te guiñe un ojo.

—Anda ya, eso es imposible.

—¿Imposible? Mira...

El hombre comprueba completamente asombrado cómo su entrepierna simula los movimientos de un doble guiño. La mujer ve que el hombre está cada vez más excitado y casi convencido de pagar por sus servicios así que le dice que se siente a su lado:

—¿Te gustaría meter un par de dedos ahí dentro?

—¡No me digas que también silba!

Un tipo entra a un puticlub y empieza a negociar el precio con una de las chicas.

—¿Tarifa?

—Cincuenta euros.

—¡Eso es muy caro!

—Es lo que hay, o lo tomas o lo dejas.

—Hagamos un trato: te doy veinte euros y mi móvil.

—Vale, acepto.

Hacen el amor y al acabar dice la prostituta:

—Dame los veinte euros y el móvil.

—Toma dos de diez y apunta: seis dos nueve, treinta…

Debido a la crisis, un hombre se ve obligado a decirle a su mujer que no puede con todos los gastos.

—Marisa, vas a tener que prostituirte para ayudarme a llegar a fin de mes.

—¡¿Qué?! Estás loco, además, yo no sé cómo se hace eso.

—No te preocupes, cariño. Yo me pongo detrás de una farola y si tienes cualquier duda, te ayudo.

Al día siguiente la mujer está en la calle con una minifalda y un escote muy provocativo, cuando un BMW se para a su lado y le dice el conductor:

—¿Cuánto cobras, guapa?

—Un momento, por favor.

Marisa se da la vuelta y le pregunta a su marido que está detrás de una farola cuánto tiene que cobrar, vuelve y le dice al conductor:

—Son trescientos euros, rey.

—Eso es demasiado, yo sólo traigo cien.

La mujer vuelve a consultar con su marido y le dice al conductor:

—Por cien euros te hago una mamadita.

El hombre acepta y cuando se van a poner al lío, la mujer ve que el tipo tiene un pene de treinta centímetros. Asombrada, vuelve hacia donde está su marido, y le dice con los ojos como platos:

—¡Hombre! Con ese miembro le podrías perdonar los otros doscientos, ¿no?

Un tipo entra por primera vez en una casa de putas y le pide a la encargada que le explique un poco el funcionamiento.

—Pues verá, en la habitación 201 está Natacha, que por doscientos euros hará sus delicias. Además, le recibirá con una botella de champán francés.

—Buf, pero es muy cara, ¿no tiene alguna más asequible?

—En la habitación 101 tenemos a Bianca. Por cien euros hará sus delicias y al acabar le ofrecerá una botella de whisky.

—Sigue siendo muy cara.

—Ya sólo me queda ofrecerle a María. En la habitación 51. Son cincuenta euros y le dará una cerveza.

Al final accede a ir con María. Entra en la habitación y allí está ella esperándole en la cama.

—Antes de que entres debo decirte algo, por si acaso prefieres ir con otra de las chicas: no tengo clítoris.

—No pasa nada. Si no tienes de esas ponme una San Miguel o una Mahou.

Un chico va andando por la calle con un calentón que no aguanta más, así que entra en el primer prostíbulo que encuentra pero al no tener más que cinco euros le largan de allí con una patada. Sigue andando hasta el siguiente prostíbulo y cada vez más caliente, y al entrar en el quinto, decide ir de frente:

—Mire —le dice a la madame—, he de reconocerle que sólo tengo cinco euros pero estoy muy caliente y necesitaría que me hicieran una mamada.

—Por cinco euros te puedo ofrecer el pingüino —le contesta ella.

—¿Qué es el pingüino?

—Ahora lo averiguarás.

Le coge los cinco euros y le manda a una habitación. El hombre se baja los pantalones y se queda esperando por su pingüino. Entonces entra una prostituta y empieza a hacerle una mamada. Cuando está a punto de correrse, la prostituta para y sale de la habitación. El hombre, con los pantalones por los tobillos, sale corriendo detrás de ella mientras pregunta a voz en grito:

—¡Oye, rubia! ¡¿Qué narices era el pingüino?!

Chico joven y apuesto, máxima discreción...

...gigolós y chaperos del montón

Un joven apuesto y con un cuerpazo de escándalo se encuentra en una difícil situación económica y decide prostituirse, así que cuelga un cartel en la ventana de su casa donde pone: «En la cama: 1.000 euros. En el sofá: 500 euros. En el suelo: 250 euros».

Al día siguiente una viejecita que pasaba por allí se queda mirando el letrero y se apresura a volver a su casa a romper el cerdito de los ahorros y contar el dinero. Regresa de nuevo a la casa del chico y llama al timbre. Al ver al joven le extiende las monedas en la mano. El muchacho las cuenta y le dice de manera pícara:

—Mil euros, ¿eh? ¿Así que quiere en la cama?

—Te equivocas, muchacho. ¡Lo quiero cuatro veces en el suelo!

Un militar va paseando por la calle por la noche, cuando se encuentra con un chapero apoyado en una farola que le dice:

—¡Adiós, guapo!

—¡¿Cómo que «adiós, guapo»?! ¿No has visto las estrellas de mi pecho!

—Pues ¡adiós, cielo!

Un hombre contrata a un chapero.
Cuando llega y se quita la camiseta,
el hombre le dice:
—¡Qué músculos!
—Pura dinamita.
Cuando se quita los pantalones:
—¡Madre mía, qué piernas!
—Pura dinamita.
—Y cuando se quita los calzoncillos:
—¡Uy! Qué poca mecha para tanta
dinamita.

Dos chaperos hablan mientras esperan a que venga algún cliente y uno le dice al otro.

—Tengo un tremendo dolor de muelas.

—¡Ah! Eso me recuerda tanto a mi primera vez.

—¿Por qué?

—Porque la primera vez que te dan por el culo duele, pero no quieres que te la saquen.

Cuasimodo estaba ya desesperado por perder la virginidad así que se le ocurre ir a dar una vuelta por el Barrio Rojo de París en busca de prostitutas. El problema es que al verle ninguna quería hacer nada con él por el asco que les daba. Pero Cuasimodo lejos de darse por vencido se fue a buscar por otras zonas del barrio hasta que llegó a los dominios de los chaperos y al final encontró a uno que accedió a hacerlo con la condición de que primero sería él quien diese por culo a Cuasimodo; así podría ir haciéndose a la idea y cerrando los ojos podría imaginar que estaba con un chico guapo y fornido. Total, que Cuasimodo se pone a cuatro patas y el chapero comienza a hacerlo con los ojos cerrados. En un momento dado, abrió los ojos y al ver las deformidades que tenía enfrente no pudo evitar vomitar.

—¿Me has vomitado encima?

—Sí.

—Uf, gracias a Dios. Por un momento pensé que se me había abierto la chepa.

Un ejecutivo agresivo está en Las Vegas dispuesto a gastarse una pasta. Va a un casino, y al cabo de un rato ve a una puta despampanante paseándose por los salones. Se acerca y le dice:

—Oiga, ¿qué me costaría una paja?

—Una paja cien euros, cielo.

—Pero qué barbaridad. ¿Quién pagaría cien euros por una paja?

—¿Ve el abrigo de visón que llevo? Lo he pagado gracias a las manualidades que hago. Son las mejores pajas de la ciudad, por eso puedo cobrarlas tan caras.

El tío se lo piensa durante unos instantes y accede a pagar para comprobar si realmente es tan buena como dice. Se van a un discreto rincón de la sala y efectivamente, es la mejor que le han hecho en toda su vida. Le paga encantado el servicio y regresa de nuevo a las máquinas.

Al cabo de un rato la vuelve a ver paseando por allí y al acordarse de lo que le había hecho se excita y de nuevo se acerca a ella.

—¿Qué me cobrarías por una mamada?

—La mamada son mil euros, cariño.

—¡Venga ya! ¿Mil euros?

—¿Ves el Cadillac que está aparcado justo enfrente? Pues es mío. Pagado con el dinero que gano haciendo mamadas. Los mejores franceses de la ciudad son los míos. Te aseguro que valen lo que cuestan.

—La verdad es que con lo de la paja tenías razón, no me engañaste. Venga, vale, te pagaré los mil euros.

De nuevo se van al rincón y la mujer supera con creces todas sus expectativas. El tío tiene orgasmos múltiples y la experiencia es cien veces mejor que cualquier otra que haya tenido antes. Le paga lo estipulado y se vuelve a las máquinas.

Al rato empieza a acordarse de lo que le ha hecho y con un calentón increíble va a buscarla otra vez.

—¿Cuánto me costaría conocer tu chocho?

—Ay, cariño, ¡la ciudad entera sería mía si tuviera chocho!

Un hombre llama por teléfono al número del anuncio de un chapero:

—Hola, ¿eres Morenito Caliente?

—Sí, soy yo.

—¿Y cuánto cobras?

—Cincuenta euros, pero hoy no puedo trabajar.

—¿Por qué?

—Porque estoy en la cama con cuarenta.

—¡Uy! Con lo que me gustan los grupos.

Un camionero siempre que salía de viaje recogía a alguna puta y se lo montaba con ella en el camión. Por eso, siempre que iba conduciendo cantaba:

—Yo soy Ramón el del camión y me tiro putas a mogollón.

Una noche, por una carretera oscura vio a una prostituta que le enseñaba la pierna desde la cuneta y decidió subirla.

Cuando estaban haciéndolo, el camionero se pone a cantar su canción:

—Yo soy Ramón el del camión y me tiro putas a mogollón.

Al escucharlo, la puta se empieza a reír y se pone a cantar:

—Yo soy Pascual el homosexual y sin camión follo igual.

Un chapero va a casa de un cliente que es profesor de Gramática. Cuando están en plena faena llega la mujer del profesor y dice:

—¡Pero bueno! ¿Qué está pasando aquí? ¡Estoy sorprendida!

—No, querida, el sorprendido soy yo. Veinte años casados y todavía no sabes usar la lengua.

Dos amigos van a un puticlub pero como no tienen dinero para hacer nada, deciden ir a casa de uno a montárselo entre ellos.

Cuando llegan, el primero se pone a darle por el culo al segundo y cuando termina, el segundo se la mete, se emociona y empieza a darle mordisquitos en el cuello y palmaditas en el culo. Entonces, el otro dice:

—¡Oye, tío, sin mariconadas!

Un hombre está en un motel de carretera con un chapero.

—Oye, tengo que ir al baño —le dice—, pero no te la casques mientras estoy dentro que no quiero que pierdas potencia.

—Vale.

—En serio, no te la casques, ¿me lo prometes?

—Te lo prometo.

El hombre entra en el baño y cuando sale ve el techo lleno de semen.

—¡Me lo habías prometido!

—¡Pero si sólo me he tirado un eructo!

Un chapero está haciendo cola para entrar al cine cuando un hombre llega por detrás, le pone la mano en el hombro y le dice:

—¿Está aquí la cola?

—No, un poquito más abajo, cielo ¡Uy! Perdón es deformación profesional.

Dos chaperos están hablando en una esquina y uno le dice al otro:

—Pues chico, con esto de la crisis en la calle no gano nada así que me he hecho una página web.

—¿Cuál es la dirección?

—www.mari.com.

—¿Y no sería más fácil maricón y punto?

Un policía va caminando por la calle y de pronto se encuentra con un hombre que está orinando en la vía pública.

—¡Ah, muy bonito!

—¿Te gusta? Sólo son veinte euros.

Dos marineros llegan a puerto después de estar mucho tiempo en alta mar y deciden irse de putas, pero después de recorrerse la ciudad y descubrir que no hay ningún puticlub, están tan calientes que al ver a un borracho tirado en el suelo deciden darle por el culo.

Cuando terminan les da tanta lástima el hombre que le dejan diez euros encima.

Al rato el borracho se despierta y ve los diez euros, se va al bar y le dice al camarero:

—Dame dos vasos del mejor ron que tengas.

Cuando se termina el ron, sale a la calle y se queda dormido. Poco después vuelven a pasar los marineros y deciden volver a darle por el culo, pero esta vez, la mala conciencia les hace dejarle cincuenta euros.

Al despertar, el borracho ve los cincuenta euros y se va corriendo al bar.

—Camarero, ponme una botella de ron… pero que no sea el de ayer, que me da ardor de culo.

Unas chicas ponen un anuncio en un periódico en el que piden un hombre valiente, puntual y viril. Al cabo de dos días reciben una llamada y conciertan una cita con él. Cuando llega el día y la hora llama a la puerta un amasijo humano sin pies ni brazos:

—¿Quien es usted? —preguntan las chicas, asombradas.

—El hombre que ustedes pedían. ¿Ocurre algo? ¿He llegado tarde?

—No. La verdad es que puntual sí ha sido, pero ¿y valiente?

—Perdí brazos y piernas en la guerra, luchando.

—¿Y de virilidad cómo andamos?

—¿Con qué se creen que he llamado?

Dos amigos hablando:

—Oye, ¿tú no crees que hay demasiados chaperos hoy en día?

—Pues tampoco creo que haya tantos.

—Te voy a poner un ejemplo, ¿dejarías que te diera por culo por cien euros?

—¿Te has vuelto loco o qué te pasa? Pues claro que no.

—Vale, vale, no te enfades. ¿Y si te ofreciera mil euros?

—Claro que no. Jamás vendería mi dignidad y menos por mil euros.

—Te lo subo a cien mil.

—Uf, es que cien mil euros es mucho dinero. Ya habría que pensárselo.

—¿Lo ves? Queda demostrado: chaperos hay, lo que no hay es pasta.

Una señora ya anciana quería tener sexo y como no encontraba la manera de conseguirlo decide ir a un prostíbulo de hombres. Al llegar ve una tabla con los tamaños y los precios:

Juan: 20 centímetros / 200 euros

Manuel: 30 centímetros / 300 euros

Goyo: 50 centímetros / 500 euros

La mujer decide irse con Goyo, ya que seguramente fuese la última vez que podría hacerlo. Así guardaría mejor recuerdo del momento. Al terminar, la mujer sale del cuarto caminando con las piernas algo abiertas y dolorida por el tamaño del miembro. Como su casa queda algo alejada del sitio en cuestión, decide tomar un atajo por una zona poco aconsejable de la ciudad. De pronto, la asalta un ladrón con un cuchillo y le dice a la viejecita con tono amenazador:

—¡Deme el dinero o la «degollo»!

—No, por favor, tome todo el dinero, pero la de Goyo otra vez no.

Un chapero le dice muy preocupado a su cliente:

—Méteme un dedo.

El hombre hace lo que le dice.

—Méteme otro.

Se lo mete.

—Ahora mete la mano entera.

El hombre, asombrado, mete la mano.

—Vale, ahora mete la otra, ¿puedes dar palmas?

—No.

—Lo sabía. ¡Me estoy estrechando!

Un chapero novato entra en un bar y le dice al camarero:

—Deme diez chupitos de tequila.

El otro se los pone y observa cómo el cliente va tragándose de un golpe un chupito tras otro. Curioso, pregunta:

—Vaya, ¿qué celebramos?

—Mi primera mamada.

—Entonces le invito a otro, hombre.

—No se preocupe, si diez tequilas no me quitan el sabor, no creo que me lo quiten once.

Una alta ejecutiva se hospeda en un hotel durante un viaje de trabajo y al verse un poco sola y con una sensación de libertad que nunca había sentido, decidió llamar a una de esas agencias de acompañantes que reparten propaganda a la salida de los aeropuertos. Si bien los servicios están pensados principalmente para hombres, entre los papeles que tenía encontró uno en el que un gigoló ofrecía sus servicios. Después de analizar cuidadosamente la fotografía, se decidió a llamarlo.

Con el folleto en sus manos, temblorosa y sudando por la expectativa, levantó el teléfono y marcó el número que indicaba el panfleto.

—Buenas noches —contestó un hombre con una voz sensual—. ¿En qué puedo servirle?

—Hola. Te llamo desde la habitación 345 del hotel Paradise.

—Sí, sí.

—Leí tu folleto y veo que entiendes de masajes. La verdad es que necesito que vengas a mi habitación y me des uno urgente... A decir verdad, necesito masajes relajantes, casi mimos... No, espera, en realidad lo que quiero es sexo. Tengo ganas de una larga sesión de sexo salvaje. Quiero hacerlo en la cama, en el suelo, en el balcón, en el pasillo, en la ducha. Quiero exhibirme, sentirme humillada, que vean todos lo puta que soy. Estoy hablando en serio, deseo que dure toda la noche y estoy dispuesta a probar nuevas cosas. Quiero que me enseñes. Si algo tiene un nombre que puedas pronunciar, quiero hacerlo. Trae toda clase de juguetes para que te asegures de mantenerme encendida toda la noche. Quiero que me inmovilices y que me llenes el cuerpo con lo que quieras, para después limpiárnoslo uno al otro con la lengua o lo que quieras ¿qué te parece?

—La verdad es que suena fantástico. Pero señora, para hacer llamadas externas tiene que marcar antes el cero.

En la esquina... de fulana a fulana

... y me lo tiro porque me da la gana

Dos putas charlando a la espera de clientes. Una gallega y la otra madrileña.

—¿Tú follas a oscuras? —le pregunta la madrileña.

—A os curas, a os munaguillus, a os obispus…

Dos putas charlan después de trabajar.

—¿Qué tal tu último cliente?

—Pues fatal, no he podido cobrarle.

—¿Y eso?

—Pues porque es del Opus Dei e intentamos hacerlo dos veces, pero una que si el Opus, otra que si el Dei y el hombre que se sentía culpable.

—¡Vaya! Pues yo al mío le he cobrado doble.

—¿Sí?

—Es que era luterano, así que lo hicimos una por el *úter* y otra por el ano.

Un hombre llama a una puta para que vaya a su casa.

—¿Cuánto cobras? —le pregunta cuando llega.

—Cincuenta euros la hora.

—Pues toma, aquí tienes doscientos euros, pero tienes que saber que soy capaz de hacer el amor hasta veinte veces.

—Bueno, pero en dos horas me voy.

—Vale; y también tienes que saber que soy un poco tímido, así que prefiero hacerlo a oscuras.

—Lo que tú quieras, cariño.

Dos horas y algo más de veinte polvos después, la prostituta enciende la luz y se encuentra debajo de otro hombre.

—¿Dónde está el dueño del piso?

—En la puerta, cobrando la entrada.

Un día va una prostituta a la oficina del paro para apuntarse y cuando le preguntan por su ocupación, responde:

—Prostituta.

—Pero señorita, esa ocupación ni tan siquiera es legal. Mejor piense en otra cosa y así la podré dar de alta.

Tras un rato pensando le dice:

—¡Ya lo tengo! Póngame granjera.

—¿Y qué experiencia le puedo poner como granjera?

—Llevo más de cinco años cuidando pollas.

¿Por qué las putas no hablan cuando trabajan?

—Porque es de mala educación hablar con la boca llena.

Un hombre de negocios contrata los servicios de una puta por valor de quinientos euros, pero en el último momento se da cuenta de que no tiene dinero en efectivo y le dice que le pagará con un cheque, y que para que su secretaria no se entere de que ha estado con ella le hará creer que es el alquiler de un piso.

Al día siguiente, en la oficina el hombre decide pagarle sólo la mitad a la puta y le envía el cheque con una nota en la que escribe:

«Querida señora, le envío doscientos cincuenta euros en vez de los quinientos acordados porque el piso no era lo que esperaba. Yo me imaginaba un piso sin estrenar, que tuviera calefacción, que fuera pequeño; y resultó ser todo lo contrario, usado, frío y espacioso».

Al recibir el cheque con la nota, la puta le contesta:

«Estimado señor, le devuelvo su dinero porque en realidad no lo necesito. Tiene que saber que un piso tan bonito no podía estar sin estrenar. Además, me temo que no ha sabido encender la calefacción y sin duda yo no tengo la culpa de que usted no tenga suficientes muebles para llenar el apartamento».

Dos putas están charlando sobre los métodos anticonceptivos que utilizan.

—Pues yo prefiero los condones, son lo mejor y más barato para este trabajo.

—Yo también uso condones, pero con los clientes bajitos utilizo el método del cubo, que es gratis.

—¿Cómo es?

—Muy fácil, pones un cubo boca abajo como escalón, para hacerlo de pie, y cuando notes que los ojos se le ponen vidriosos, le pegas una patada al cubo.

Un hombre va caminando por una calle de mala fama cuando se le acerca una señorita para ofrecerle sus servicios. Se van los dos a un motel y la prostituta se quita toda la ropa. Se tumba en la cama y ve cómo el hombre la mira asombrado.

—¿Qué pasa, guapo? ¿Es el primer coño que ves desde que empezaste a gatear?

—No. Es el primero que veo en el que puedo gatear dentro.

Una puta en la consulta del ginecólogo.

—Tengo una noticia buena y otra mala.

—Dígame primero la mala.

—Eso que tiene usted en el clítoris son hongos.

—¿Y cuál es la buena?

—Que son comestibles.

Una prostituta entra en una iglesia y comienza a gritar:

—¡¿A que estoy buena?!

El cura, escandalizado, va hacia ella y le dice:

—Señorita, compórtese, eso no se puede decir en una iglesia.

La puta no le hace caso y se quita la falda y la camiseta.

—¡¿A que estoy buena?!

—¡Pero señorita! Salga de aquí o tendré que llamar a la policía.

La puta se quita las bragas y el sujetador y quedándose totalmente desnuda sigue diciendo:

—¡¿A que estoy buena?!

—¡Ay, Dios mío, y ahora qué hago!

—¡Quítame los clavos que voy a por ella!

¿Cuál es la diferencia entre una puta y la mejor amiga de un hombre?

—Que la puta se folla a todos; y la mejor amiga con todos menos con su amigo.

Un hombre joven aparca con su cita en un descampado a las afueras de la ciudad. Cuando empiezan los prolegómenos la chica le para y le dice:

—Lo siento muchísimo. Creo que debería habértelo mencionado antes, pero en realidad soy puta y la tarifa es de cincuenta euros.

El hombre se lo piensa y al final decide pagar. Al acabar, él se sienta en el asiento del conductor mirando a través de la ventanilla.

—¿Por qué no volvemos a la ciudad? —pregunta la chica.

—Creo que debí mencionártelo antes. Soy taxista y la tarifa para volver es de cincuenta y cinco euros.

Dos putas hacen una pausa para ir a comer.

—¿Cómo te gustan los huevo? —pregunta una.

—Pues pegados al culo, chica.

Dos vendedores de coches están en la barra de un bar charlando.

—Chico, este negocio apesta. Si no consigo vender más coches este mes, me van a dar por el culo.

De repente se da cuenta de que a su lado hay una bella señorita que les está observando.

—Por favor, disculpe mi lenguaje.

—No se preocupe, le entiendo má. Si no consigo que me den más por el culo este mes, voy a perder mi coche.

Una puta le dice a otra.

—Chica, con tanto trabajo tengo el coño como el campo del Valencia.

—¿De grande?

—No, que Mestalla.

Con esto de la crisis, dos putas están aburridas en una esquina esperando a que venga algún cliente.

—Tú, entre polvo y polvo ¿te fumas un cigarrillo?

—Mira, nena, últimamente me fumo cartones.

Un hombre lleva a una puta en su coche a un aparcamiento cerca del campo y la puta dice:

—¿No es maravilloso el aire libre y el sonido de los grillos?

—No son grillos, son braguetas bajándose.

¿Por qué el sello conmemorativo de la prostitución no es nada popular?

—Porque tienes que pagar diez céntimos más si quieres chuparlo.

Tres putas hablan en una esquina y una de ellas dice:

—Ayer un cliente me metió la mano entera.

—Pues a mí me metió una pierna entera.

—Pues mi cliente está aquí, mirad.

Una puta le pregunta a otra:

—La primera vez que lo hiciste, ¿fue por amor?

—Tres euros no son dinero, así que supongo que sí.

Una prostituta en su época más decadente está en el puerto esperando que lleguen clientes. Al pasar un marinero le dice:

—¿Quieres pasar un buen rato, cariño?

—El problema es que sólo llevo una moneda de cincuenta céntimos.

—No te preocupes, tengo cambio.

—¿Qué tal la noche de bodas?

—No sabes lo que me ha pasado, con lo putero que soy, por la mañana le dejé cien euros en la mesilla a mi mujer.

—¿Y qué hizo ella?

—Ahí está el tema: me dio veinte euros de cambio.

Un chino contrata los servicios de una puta para toda la tarde. Se la lleva a su casa, y cuando ella sale del baño le ve ya metido en la cama esperando, así que se mete con él y se ponen manos a la obra. Al acabar, el chino salta de la cama, va corriendo hacia la ventana, respira hondo, se arrastra debajo de la cama, sale por el otro lado y vuelve a acostarse junto a ella listo de nuevo para la acción. La puta estaba algo sorprendida por el vigor del chino, pero le había pagado toda la tarde, así que volvieron a hacerlo de nuevo.

Al acabar, se repitió la misma escena: el hombre saltó de la cama, corrió hacia la venta, tomó aire, se arrastró debajo de la cama y salió por el otro lado dispuesto a comenzar. La mujer estaba alucinada. El tercero fue increíble, incluso mejor que los otros anteriores. De nuevo el chino salta de la cama, va a la ventana, toma aire, se arrastra y sale por el otro lado.

La puta, alucinada con el efecto que eso tiene en él, decide ser ella la que haga eso en cuanto acaben. Así que una vez terminan salta de la cama, corre a la ventana, toma aire, se arrastra debajo de la cama… y se encuentra con tres chinos.

Dos prostitutas charlando:

—Tenemos el mejor negocio del mundo.

—¿Cómo dices eso?

—Es la verdad. Tenemos la mercancía, la vendemos, ¡y todavía seguimos teniéndola!

Una puta y un hombre están haciéndolo en un hotel cuando de pronto el hombre le mete el pene en la oreja.

—¿Qué haces? ¡Que me vas a dejar sorda?

—Bueno, antes te la metí en la boca y no te has quedado muda.

¿En qué se diferencia una puta antigua de una moderna?
—En que a la antigua tenías que levantarle la falda para verle las bragas y a la moderna tienes que abrirle el culo.

Dos amigos van caminando por un parque cuando se encuentran a la puta del pueblo que está buenísima y uno le dice al otro.

—¡Madre mía! Qué ganas tengo de acostarme con ella otra vez.

—¡¿Que te has acostado con la Remedios y no me lo has contado?!

—No, pero ya había tenido ganas de acostarme con ella otras veces.

Un hombre se lleva a una puta al campo y comienza a comerle sus partes. Al cabo de un rato, la puta dice incómoda.

—Anda, cielo, quítate las gafas que me estás haciendo daño.

El hombre se las quita y poco después la puta vuelve a decir:

—Anda, ponte las gafas que estás mordiendo la hierba.

Uno de Lepe llega a un motel de carretera con una prostituta, pide una habitación y cuando tiene que firmar el recibo, pone una X, pero se queda pensando un momento añade un círculo alrededor de la X. El recepcionista, extrañado le dice:

—¡Qué curioso! Nadie había firmado antes con una X con un círculo.

—Ya, pero es que esta mujer no es mi esposa y no quiero poner mi firma verdadera.

¿En qué se parece una sopa a una puta?

—En que hasta que no le metes el dedo no sabes si está caliente.

Dos amigos pasan por delante de un puticlub que tiene un escaparate con la foto de tres prostitutas: una con el pubis de color verde, otra de rojo y otra de azul. Al verlo, uno de los hombres dice:

—Paco.

—¿Qué?

—Nada, nada.

—Paco.

—¿Qué?

—No, nada.

—Paco.

—¡¿Qué?!

—Nada.

—Paco.

—¡¿Qué coño quieres?!

—¡El azul!

Un hombre ve a una mujer apoyada en una farola y se acerca para preguntarle:

—Perdone, ¿usted jode?

—¡Pero bueno, no confunda!

—Bueno a pelo o no, pero ¿usted jode?

Una puta llega a casa de un cliente y éste le dice:

—Bueno, vamos a hacer magia.

—¿Cómo?

—Yo te echo unos polvos y tú desapareces, que en breve llega mi mujer.

Dos putas se encuentran por la calle y una le dice a otra:

—¿Cómo te va?

—Pues regular.

—¿Por qué?

—Porque los clientes sólo quieren que se la chupe y estoy harta.

—Es verdad, si es que los hombres, ya se sabe…

—Ya, bueno, te dejo que tengo un cliente.

Al día siguiente se vuelven a encontrar.

—Llámame, que llevo prisa.

—Yo también mamé, ya hablamos.

Un hombre está en la cama con una puta cuando de pronto ella dice:

—Oye, ¿te puedes quitar el anillo? Es que me hace daño.

—¿Qué anillo? ¡Ah! El reloj.

Dos putas charlan en la barra de un puticlub y una le dice a otra.

—¿Tú cómo prefieres las pollas?, ¿grandes o juguetonas?

—Tú dame una grande que yo la enseño a jugar.

Un anciano llega a la consulta del médico.

—Doctor, como me hago mayor, he decidido contratar los servicios de una profesional, ya sabe, de una puta. Pero antes querría hacerme un chequeo para saber que todo está bien.

—Bien, pues enséñeme los órganos sexuales.

Y el viejo saca la lengua, dedo en alto.

Dos putas charlan en una esquina.

—¿Qué tal con tu último cliente?

—Pues dentro de lo que cabe, bien... Pero donde no cabe, ¡cómo duele!

Un policía ve a una puta en una esquina y se acerca a ella.

—Pero chica, ¿qué diría tu madre si te viera aquí?

—Pues me mataría, porque ésta es su esquina.

¿Cómo enciende una puta la luz después de hacer el amor?

—Abriendo la puerta del coche.

Se encuentran dos viejas amigas en la calle.

—¿Cómo estás? ¿Qué tal le va a tu hija?

—Yo estoy bien, pero mi hija mucho mejor. Hace poco empezó a trabajar y su jefe de inmediato le regaló un coche, un abrigo de pieles, y cientos de joyas. Y a tu hija Ramona, ¿cómo le ha ido?

—Pues mal. Me salió igual de puta que la tuya pero con peor suerte.

¿Qué desayunan las putas?

—Miembrillo.

—Papá, papa, tengo paperas.

—Pues cuando tengas pa putas me avisas.

La sobrina del párroco regresa a su casa mucho tiempo después de haberse ido y el tío comienza a regañarla entre grandes aspavientos:

—¿Por dónde estuviste tanto tiempo, desgraciada? ¿Por qué ni siquiera escribías? Tenías a tu madre desesperada.

La muchacha, llorando, le contesta:

—Perdón a todos. No quise escribiros porque me avergonzaba contar que tuve que ejercer la prostitución.

—¡Largo de aquí, desvergonzada! ¡Mala mujer! ¡Dios te castigará! —replica el otro echándose las manos a la cabeza.

—Como ordenes. Sólo vine a entregar este abrigo de visón y las escrituras de una casa a mi madre. Una cuenta de ahorros con un millón de euros a mi hermano y este Rolex de oro y el Porsche negro que está en la puerta para ti, querido tío.

—¿En qué dijiste que te has convertido, niña? —preguntó el párroco algo confundido.

—En prostituta.

—¡Ah, qué susto! Yo había entendido «protestante».

¿Por qué a las prostitutas se las llama Mac?

—Porque son compatibles con todo.

Dos prostitutas conversando y una le pregunta a otra:

—¿Cómo te fue anoche?

—¡Muy bien! Salí con un ruso y fue todo vodka: vodka arriba, vodka abajo.

¿Qué consigues con el cruce entre un pit bull y una puta?

—La última mamada que tendrás en tu vida.

¿En qué se parece un cristal a una puta?

—En que quien lo jode lo paga.

Están dos prostitutas en un burdel esperando clientes cuando entra un grupo de chinos.

—¡Mira! Si son chinos.

—¡Puaj! ¡Qué asco! Seguro que lo tienen todo amarillo.

—Pues yo me voy a acercar.

La prostituta acaba consiguiendo a un chino y al día siguiente se encuentra con la otra:

—¿Qué? ¿Cómo te fue con el chinito?

—¡Calla! No me hables, encima de que lo tenía todo amarillo y pequeñito, le dije que me comiera el chichi y sacó los palillos.

¿Cuál es la diferencia entre una nevera y una puta?

—La nevera nunca se tira pedos cuando le sacas la carne.

En un restaurante de carretera para camioneros, las chicas que sirven las mesas también hacen los servicios de prostitutas. Una de ellas va al dormitorio con uno de los camioneros, y al acabar la faena le pregunta:

—¿Te gustó?

—Más me hubiera gustado que tu culo y tus tetas estuvieran tan duros como el filete que me serviste hace un rato.

El gerente entrevista a la secretaria recién contratada:

—Dígame, señorita: ¿cuáles son sus pretensiones de sueldo?

—Mil euros.

—Con placer se los pagaría.

—¡Qué dice! Con placer son dos mil.

¿Cuál es la definición de prostituta?

—Aquella chica que nunca puede silbar mientras trabaja.

La profesora pregunta a sus alumnos por la profesión de sus madres:

—Danielito, ¿en qué trabaja tu mamá?

—Mi mamá es doctora.

—Muy bien. ¿Y la tuya, José? ¿A qué se dedica?

—Mi mamá es ama de casa, profe.

—¿Y la tuya, Jaimito?

—La mía es sustituta.

—¿Sustituta? ¿No querrás decir prostituta?

—No, profe. La prostituta es mi tía pero cuando ella no puede ir, mi mamá la sustituye.

Iba un hombre muy agarrado caminando por el rabal cuando se cruza con una prostituta que le dice:

—Por treinta euros te hago lo que quieras.

Sigue caminando y se encuentra a otra:

—Por veinte euros te hago lo que quieras.

Ni siquiera se para a mirarla cuando pasa por delante de otra que le susurra:

—Por diez euros te hago lo que quieras.

—Trato hecho. Vamos a casa y me la pintas entera.

Una mujer va al médico a hacerse un chequeo.

—¿Tiene usted algún problema específico que considere que puede ser relevante?

—Bueno, últimamente he notado que con cualquier mínimo corte que me haga, puedo estar sangrando durante horas. ¿Cree que podría ser hemofílica?

—La hemofilia es un desorden genético y en su mayoría son hombres los que la padecen, aunque también puede darse en mujeres. Dígame, ¿qué pérdidas tiene durante el periodo?

Después de pensárselo un rato, la mujer contesta:

—Calculo que entre setecientos y ochocientos euros más o menos.

Una profesora en clase:

—A ver, niños, quiero que me digáis qué queréis ser de mayores.

—Pues yo cuando crezca quiero ser doctora para salvar vidas y ganar un montón de dinero —dice Susanita.

—Yo prefiero ser abogado para meter a los malos en la cárcel y ganar un montón de dinero —dice Miguelito.

—Bueno, y tú Jaimito, ¿qué te gustaría ser?

—Yo quiero ser peludo. Tener todo mi cuerpo cubierto de pelo.

—¿De pelo? ¿Por qué?

Forma con las manos un triángulo y dice:

—No se imagina usted la cantidad de dinero que gana mi hermana con este poquito peludo.

Un policía arresta a una prostituta.

—Señor policía, le prometo que no estaba vendiendo sexo.

—Entonces, ¿qué estaba haciendo?

—Vendo condones con demostración gratuita.

Una puta le estaba haciendo una mamada a un hombre cuando de pronto para y dice:

—Así que también te van los tíos, ¿eh?

—¿Por qué dices eso?

—Porque te sabe la polla a mierda.

En un juzgado un hombre está siendo acusado de recurrir a los servicios de una prostituta.

—¿Cómo se declara usted? —pregunta el juez.

—¿Yo? Inocente, por supuesto.

—Pero ¿cómo puede decir eso, si tenemos una cinta en la que se ve cómo mantiene relaciones sexuales con la señorita en cuestión y cómo seguidamente le paga doscientos euros.

—Pues muy sencillo: ayer por la noche conocí a esa señorita en el bar de *streaptease* donde trabaja y le aposté doscientos euros a que esa noche no se acostaba conmigo.

Dos enanos viejos y solteros que nunca en su vida habían tenido relaciones sexuales deciden ir con unas prostitutas a un hotel y hospedarse en habitaciones contiguas. A la mañana siguiente se encuentran.

—¿Cómo te fue anoche?

—Fatal. Estaba tan nervioso que no conseguí que se me pusiera dura, así que no pude tener sexo con ella. ¿Y a ti cómo te fue?

—Peor.

—Anda ya. No me lo creo. Escuché cómo la cama no paraba de chirriar y a ti te escuchaba alterado. Sólo lo dices para que no me sienta mal. Pero no te preocupes, cuéntamelo todo.

—Que no, en serio que fue horrible. No llegue en toda la noche.

—¿Al orgasmo?

—No, ¡a subirme a la cama!

Una prostituta se va a una peletería de lujo en la calle Serrano y se compra un abrigo de visón carísimo. Al salir de la tienda se encuentra de bruces con un grupo de defensores de los derechos de los animales que se encaran con ella:

—¿Sabe usted cuántos animales han muerto para hacer ese abrigo?

—¿Y tú sabes a cuántas malas bestias he tenido que follarme para comprarlo?

En un conocido burdel se realiza una redada policial y detienen a veinte putas y un borracho. Para continuar el proceso llevan a todos a comisaría para ser interrogados en la misma sala. Comienzan una por una con todas las señoritas.

—A ver, usted ¿a qué se dedica?

—Pues yo soy secretaria ejecutiva. Estaba viendo el local para una visita de negocios que tendremos próximamente.

—Ajá. Y usted, ¿puede explicarme qué hacía allí y a qué se dedica?

—Pues yo soy ama de casa. Pasé por la puerta y me llegó un olor tan agradable que pasé a preguntar qué productos de limpieza usaban.

—Muy bien, comprendo. ¿Y usted?

—Soy doctora. Escuché unos gritos y pasé a ver si alguien necesitaba mi ayuda.

Y así fueron pasando las chicas hasta que por fin le toca el turno al borracho:

—Dígame, ¿qué hacía usted en el local?

—Pues después de lo que he oído aquí, ¡está claro que yo tenía que ser la puta!

Un hombre conoce a una prostituta en un bar y después de varias copas se la lleva a un hotel y se acuesta con ella.

Al día siguiente, el cliente se levanta y con voz déspota le dice:

—Bueno, me voy. No volverás a verme pero a lo que te salga en nueve meses, le pones Gerardo.

—Vale, pero sólo si tú le pones penicilina a lo que te salga en unas horas.

¿En qué se parece hacer *puenting* e irse de putas?

—En que los dos cuestan pasta y como se rompa la goma, menuda putada.

Dos amigas prostitutas se encuentran en la calle y una le pregunta a otra:

—¿Qué tal se te dio anoche?

—¿Ayer? Genial, me contrató un cliente que estaba buenísimo, me llevó a su casa y lo hicimos toda la noche. ¿Y a ti?

—Maravillosamente, me contrató un abuelito en un coche enorme con chófer y todo. Luego me llevó a un pisazo que parecía un estadio de fútbol, me ofreció una bebida y me pidió que me desnudara. Entonces yo también le dije que se desnudara y cuando estábamos en pelotas me dijo: «Prepárate, porque te voy a meter el pene».

—¿El pene? ¿Y eso qué es?

—Pues mira, una mierdecita parecida a la polla pero más blanda.

Tres putas se encuentran después de trabajar.

—Chicas —dice una—, hoy ha sido un éxito: me ha contratado un hombre millonario que me llevó a su mansión y al terminar me dio cuatro mil euros para que no me fuera en ayunas.

—Pues a mí me ha ido regular —dice otra—. El cliente que me contrató me llevó a un motel de carretera y por la mañana me dio cien euros para que no me fuera en ayunas.

—Pues lo mío ha sido terrible —se lamenta la tercera—. Me tocó un cliente que no tenía ni coche, nos fuimos a un portal y al terminar me dijo: «Anda, hazme una mamada para que no te vayas en ayunas».

¿Qué entiende una puta por «sexo seguro»?

—Cerrar la puerta del coche.

Un peletero ha conseguido acabar después de meses de trabajo un abrigo en el que había estado trabajando. Para celebrarlo decide pedir la compañía de una señorita que acuda a su casa. Después del sexo, el peletero con la mente puesta en su trabajo dice:

—Me da miedo que el acabado no sea lo suficientemente bueno.

—Para serte sincera los preliminares tampoco han sido muy allá.

¿En qué se parece una prostituta a un heavy?

—En que la chupa en verano y la chupa en invierno.

Un hombre conoce a una mujer muy guapa y decide casarse con ella en ese mismo instante.

—¡Pero si no sabemos nada el uno del otro!

—No me importa, nos iremos conociendo poco a poco y el amor que sentimos irá creciendo más y más.

Al día siguiente se casan y se van de luna de miel a un hotel de lujo. Una mañana, cuando los dos están tomando el sol en la piscina, él se levanta, sube al trampolín de diez metros y hace una perfecta demostración de todos los estilos de salto que se conocen.

La mujer, al verlo, le dice sorprendida:

—¡Ha sido increíble!

—Sí, bueno, es que fui campeón olímpico de salto. ¿Ves? Nos vamos conociendo poco a poco.

Entonces la mujer se levanta, se mete en la piscina y comienza a nadar. Después de treinta largos sin descanso, sale y se tumba al lado de su marido.

—¡Asombroso! —dice éste—. ¿Has sido nadadora olímpica de resistencia?

—No, puta a domicilio en Venecia.

Una noche, la policía hace una redada y se lleva en un furgón a veinte prostitutas que estaban haciendo la calle.

Cuando llegan a la comisaría, comienzan a interrogarlas una a una.

—¿De qué trabajas?

—Soy azafata.

—¿Y tú?

—Azafata.

—A ver ¿tú?

—Azafata.

—Y tú, la rubia, ¿de qué trabajas?

—¿Yo? Soy puta.

—Vale, por fin una que dice la verdad. ¿Y qué tal anda el negocio?

—Pues fatal, desde que hay tanta azafata haciendo la competencia.

Un adolescente va caminando por la calle cuando una puta le sale al paso:

—Oye, cielo, ¿quieres hacerlo conmigo?

—No, ni se te ocurra, porque mi madre me ha dicho que las putas tienen dientes en sus partes.

—Pero ¿qué dices? No, hombre, no, mira.

La puta se levanta la falda y se lo enseña.

—¡Argh! ¡Qué asco, mira esas encías!

¿Cómo se dice «puta» en ruso?
—Tokiski Lasova.

Dos prostitutas hablan en una esquina y una le dice a la otra:

—Qué faena, el médico me ha dicho que tengo piedras en el riñón.

—¿No te dije que no aceptases albañiles?

Un hombre va andando por un callejón oscuro cuando le asalta una prostituta a la que apenas puede ver la cara y le susurra:

—Veinte euros.

El hombre nunca antes había estado con una puta, así que se dice que por veinte euros por qué no probar. Así que se esconden entre unos matorrales y cuando están en plena faena les interrumpe un policía alumbrándoles con una linterna.

—¿Se puede saber qué hacen aquí?

—Perdone, señor agente. Le estoy haciendo el amor a mi mujer.

—¿No tienen casa para hacerlo o qué?

—Es que hasta que no nos alumbró con la linterna no sabía que era ella.

Un hombre está intentando ligar con una mujer en un bar y después de un rato de conversación le dice:

—¿Aceptarías hacer el amor conmigo si te doy un millón de euros?

La mujer se queda pensativa y al rato dice:

—Bueno, por un millón… Venga, acepto.

—Vale, ¿y por veinte euros?

—Pero ¿qué te crees?, ¿que soy una vulgar puta?

—Lo que eres ya me ha quedado claro en la primera pregunta, ahora sólo es cuestión de precio.

Una prostituta novata acaba de terminar su primer trabajo y cuando sale del hotel, sus compañeras veteranas se acercan para escuchar los detalles.

—Era un marinero musculoso y guapo.

—¿Y qué quería hacer?

—Bueno, le dije que el completo eran cincuenta euros y me dijo que no tenía tanto dinero; le dije que una mamada eran treinta pero me dijo que sólo tenía quince.

—¿Y qué hiciste?

—Le dije que por ese dinero sólo podía hacerle un trabajo manual. Aceptó y en cuanto me dio el dinero me puse manos a la obra.

—¿Y qué tal fue?

—Pues en cuanto se la sacó, le puse la mano derecha encima y luego la izquierda y ¡ay Dios!

—¿Qué pasó?

—Entonces le puse la derecha encima de la izquierda y luego la izquierda encima de la derecha.

—¡Ooooh!

—... así que al final tuve que prestarle treinta y cinco euros.

¿En qué se parecen los albañiles a las putas?

—En que si no estás encima de ellos no hacen nada.

Una pareja va caminando por la calle, y al llegar a una tienda, la mujer entra a comprar y el marido se queda en la puerta esperando. Al cabo de un rato, una prostituta se acerca al hombre y le dice:

—¿Te quieres venir conmigo a un hotel?

—¿Cuánto pides?

—Veinte euros.

—Como mucho te doy cinco.

La puta le escupe en la cara y se va indignada. Cuando la mujer sale de la tienda, siguen caminando y se vuelven a encontrar con la puta que le dice al hombre:

—¿Ves lo que consigues por cinco euros?

Dos putas van en un ascensor y una de ellas dice:

—Oye, aquí huele a polla, ¿te has tirado un pedo?

—No, un eructo.

En un juicio, un juez le pregunta a una presunta prostituta:

—¿Practica usted la prostitución?

—No, la practiqué hace mucho tiempo, actualmente la ejerzo.

¿Qué dicen las piernas de una puta jubilada?

—¡Por fin juntas!

Dos prostitutas están hablando tranquilamente cuando una le dice a la otra:

—¿Qué le vas a pedir a los Reyes Magos?

—¿Yo? Lo que a todos, veinte la mamada y treinta el completo.

Un hombre va a la iglesia para confesarse:

—Ave María Purísima.

—Sin pecado concebida. Dime, hijo, ¿cuáles son tus pecados?

—Es que soy un poco agarrado con el dinero.

—Pues ya sabes que compartir es amar, así que en cuanto salgas de la iglesia quiero que le des cincuenta euros a la primera persona que veas.

—De acuerdo, padre.

Cuando el hombre sale a la calle ve a una mujer y le da los cincuenta euros. Entonces la mujer le dice:

—Para ti son cien euros.

—¿Por qué? Si me ha dicho el cura que te dé cincuenta.

—Pero al cura se lo dejo en cincuenta porque es un cliente antiguo.

En una calle oscura se acerca un hombre a un rincón donde hay una mujer apoyada en la pared y le dice:

—Buenas noches, ¿aceptaría usted mi compañía?

—Claro, mi vida, son cincuenta euros y la cama.

—De acuerdo. ¡Compañía! ¡Vista al frente, ar!

Una prostituta está en el hospital esperando que hagan un trasplante de corazón a una compañera de profesión. Como está muy nerviosa, decide ir a hablar con el cirujano.

—Estoy preocupada por mi compañera, doctor.

—No hay por qué estarlo. Todo irá bien.

—¿Y qué pasa si su cuerpo rechaza el órgano?

—Bueno, tiene treinta y seis años y está sana. ¿Desde hace cuánto está en el negocio?

—Bueno, pues veamos, empezó con diecinueve años.

—Sin problema entonces.

—Pero ¿qué tiene eso que ver con nada? —pregunta la prostituta, extrañada.

—Pues que lleva trabajando diecisiete años y en todo ese tiempo jamás ha rechazado ningún órgano ajeno.

Una mujer se monta en un taxi con su hijo y durante el trayecto pasan por una calle llena de prostitutas. El niño, que desconoce la profesión, le pregunta a su madre:

—Mamá, ¿qué hacen esas señoras ahí medio desnudas?

—Nada, seguro que es porque tienen calor.

—¿Y por qué paran los coches y se suben?

—Porque son amigos que las recogen.

—¿Y por qué hacen señas a todos los coches?

—Porque son muy simpáticas y les gusta saludar.

El taxista, que estaba harto de las preguntitas del pequeño, interrumpe la charla:

—Mira, niño, eso son putas, ¿entiendes? ¡Putas!

—Mamá, ¿qué es una puta?

—Verás, hijo, una puta es una mujer que conoce a un hombre, se hacen muy amigos, se casan ¡y al cabo de un tiempo tienen un hijo taxista!

Dos putas están en el baño maquillándose para ir a trabajar cuando de pronto una se baja las bragas, coge un tubo de pegamento, se lo mete hasta el fondo y lo aprieta hasta dejarlo vacío.

La otra puta, sorprendida, le pregunta:

—Pero mujer, ¿qué haces?

—¿No conoces este truco?

—No.

—Pues hija, es fantástico, porque acababan pagando el doble por salir que por entrar.

Van camino a un motel una puta y su cliente, cuando ella le pregunta:

—¿Para ti qué es más importante, tener el pito grande o saber moverlo?

—Hombre, yo creo que es mucho mejor saber moverlo.

—Vaya —dice ella—, otro de pito pequeño.

Dos comerciantes están de viaje de negocios en Roma y aprovechan la última noche para irse a un club de alterne que les han recomendado.

Al terminar, uno de ellos le pide a la prostituta que se arranque unos pelos del pubis para llevárselos a España de recuerdo y los guarda en un bote de cristal.

Cuando llega a su casa, su mujer le está deshaciendo la maleta y al encontrar el bote le pregunta:

—Oye ¿qué hay aquí dentro?

—Es una reliquia que compré en Roma, son pelos de la barba de San Pedro.

La mujer, extrañada, abre el bote, mete la nariz y dice:

—¡Pero si huele a marisco!

—Claro, ¿no ves que San Pedro era pescador?

En una clase de matemáticas le pregunta la profesora a Jaimito:

—Si tienes doscientos dólares y le das cincuenta a Susi, cincuenta a Marta y cincuenta a Mari, ¿qué tenemos?

—¿Una orgía?

Kimberly llama a la policía:

—Quería denunciar que he sido violada.

—¿Cuándo ha ocurrido?

—Hace una semana.

—¿Y espera una semana para denunciarlo?

—Sí, bueno, es que no lo supe hasta que hice las cuentas de la semana.

En una ciudad, todas las prostitutas deciden unirse para reivindicar sus derechos y organizan una manifestación en la plaza del ayuntamiento. Allí, con sus pancartas, empiezan a gritar:

—¡Alcalde, exigimos nuestros derechos!

—¡Queremos un empleo digno!

—¡Queremos que se nos respete!

—¡Queremos Seguridad Social!

Como las elecciones estaban cerca, el alcalde sale a templar ánimos:

—Tranquilas, vamos a llegar a una solución, vayan ustedes a la oficina de empleo, den sus nombres y ya veré qué puedo hacer.

En la oficina del INEM habilitan una ventanilla especial para las prostitutas y éstas forman una cola que da la vuelta al edificio.

—¿Qué dan aquí que hay tanta gente? —le pregunta una anciana que volvía de la compra a la última de la fila. A la pobre prostituta le daba vergüenza decir la verdad y escandalizar a la señora, así que le dice:

—Pues aquí lo que dan es... bueno... ¡dan bolsas de peladillas!

—¡Anda! Con lo que me gustan a mí las peladillas. Pues me pongo a la cola a ver si cae una bolsita.

Después de hacer cola durante siete horas, la abuelita entra en la oficina y el hombre de la ventanilla le dice con cara de horror:

—Pero ¿usted también? ¡Si no tiene dientes!

—Hombre, morderlas no las puedo morder, pero chuparlas, bien que las chupo.

Dos vagos sin trabajo y sin ganas de tenerlo se meten sin darse cuenta por el barrio rojo de la ciudad. Mientras van paseando se les acerca una prostituta.

—Hola, guapos —les dice—, ¿os apetece un trabajito manual?

—Esto… no, gracias.

Continúan caminando y se les acerca otra chica.

—¿Qué tal un trabajito manual?

—No, de verdad, muchas gracias.

Se alejan con la cabeza mirando el suelo y le dice uno al otro:

—Tío, salgamos de aquí ya. No llevamos ni cinco minutos y ya nos han ofrecido trabajo dos veces.

En un accidente atropellan a una puta y la pobre queda tirada en la calle gritando:

—¡Estoy ciega! ¡Estoy ciega!

Un curioso que la ve se acerca y le dice:

—A ver, ¿cuántos dedos hay aquí?

—¡Oh, no! ¡También estoy paralizada!

Un hombre entra en una tienda de alimentación con una chica despampanante de cada brazo y le dice al dependiente:

—Deme dos refrescos.

—¿Familiares?

—No, son putas, pero tienen sed.

Un hombre de Nueva York viaja en autobús hacia un pueblecito del centro de Estados Unidos y de pronto le matan de un disparo.

Cuando llega el sheriff empieza a interrogar a todos los testigos.

—¿Qué ha ocurrido?

—Verá, sheriff, yo estaba justo detrás y vi cómo la víctima se sentaba junto a esa bella señorita a la que le hizo proposiciones deshonestas.

—¿Qué fue exactamente lo que le dijo?

—Le ofreció veinte dólares y pagar la habitación del hotel. Obviamente, la señorita se quedó sumamente sorprendida.

—Ya me imagino.

—Pero es asqueroso, porque después le ofreció treinta dólares y hasta cuarenta.

La gente que estaba escuchando murmura sobre lo poco que les gustan los forasteros y el sheriff va a hablar con la señorita.

—¿Y usted qué hizo, joven?

—Nada, no podía creérmelo. El hombre siguió subiendo el precio y llegó a cien dólares. Entonces se levantó Mike...

El sheriff se dirige a Mike y le dice:

—¿Qué hizo usted?

—Mire, sheriff, yo soy un hombre pacífico, todo el que me conoce lo sabe, nunca provoco a nadie.

La gente que está escuchando asiente dándole la razón y el joven prosigue.

—Pero es que no pude aguantarme al ver que llegaba un forastero y que por el mero hecho de tener dinero se creyera que podía decirle semejantes ordinarieces a esta buena vecina. Así que me levanté sin mediar palabra y le pegué un tiro en la nuca con mi revólver.

Se oye un cuchicheo procedente de los curiosos que muestran su conformidad con lo que hizo y un murmullo que confirma que ellos habrían hecho lo mismo. Entonces, el sheriff sin poder creérselo dice:

—Pero no lo entiendo, si no le había hecho nada a usted, ¿por qué le mató?

—¿Que no me había hecho nada? Mire, sheriff, no podemos consentir que un forastero nos suba los precios de esta manera porque luego tenemos que seguir pagando lo mismo los demás.

Una prostituta en la esquina esperando clientes cuando pasa por delante un párroco.

—Hola, chato, ¿quieres pasar un buen rato?

—Señorita usted debería ser perdonada ya que es víctima de las circunstancias que la rodean. Dígame, ¿está familiarizada con el término del «pecado original»?

—Puede que sí o puede que no. Pero si es realmente original, le va a costar cincuenta euros extra.

¿Qué le dice un ordenador de sobremesa a un portátil?

—¡Tan chiquitito y ya com-putas!

¿Qué sale del cruce entre una puta y un ingeniero?

—Una jodida sabelotodo.

Una prostituta de lujo ha conseguido reunir el suficiente dinero para comprarse su propia casa en donde recibir a los clientes. Lleva allí a su primer cliente y cuando le invita a pasar al vestíbulo, éste ve que en las paredes cuelgan fotos de pollas.

—¿A quién pertenecen?

—¿Eso? Son fotos que tomé a antiguos clientes. Espero que no te importe.

El hombre se queda pensando que su miembro no mide ni la mitad de los que aparecen en las imágenes. En ese momento, la prostituta dice:

—Espera aquí un minuto mientras voy a cambiarme y ponerme algo sexy para ti.

Según sale de la habitación, el hombre sale a toda prisa a la tienda más cercana a comprar el pepino más grande que pudo encontrar. Al volver se mete corriendo en la cama y cuando la prostituta se acuesta a su lado comienza a meterle el pepino.

—¡Oh, sí! Me encanta, cariño —dice ella—. Cómo me gustan los juegos manuales antes de pasar a la acción.

¿Quién inventó el amor?

—Los catalanes, para no andar pagando putas.

Después de trabajar durante años, una prostituta decide retirarse del negocio. Le da miedo pasar el resto de su vida sola así que comienza a buscar marido. Después de tantos años en la profesión y haber visto tantas cosas, prefiere encontrar un chico virgen que no esté obsesionado con el sexo. Tras mucho buscar, da con un hombre en un remoto pueblo de Australia con el que comparte muchas aficiones y además jura no haber estado jamás con una mujer, de manera que la ilusionada ex prostituta viaja a Australia para casarse con él.

En la noche de bodas se mete en el baño y al salir ve que su marido ha amontonado la cama y todas las cosas de la habitación en una esquina. Como le parecía un poco raro y no sabía de las costumbres australianas le pregunta:

—¿Y eso?

—Tú y yo vamos a consumar el matrimonio ahora mismo y conociéndome, está claro que necesitaremos todo el espacio posible.

La otra mira al suelo, algo decepcionada:

—Cariño, pensaba que me habías dicho que nunca habías estado con ninguna mujer.

—Y es verdad, pero como sea mínimamente parecido a follarse un canguro…

¿Qué sale del cruce entre una puta y un elefante?
—Una puta que folla contigo por cacahuetes y que te recordará para siempre.

Un hombre va andando por el paseo marítimo cuando se cruza con una prostituta.

—¿Te apetece hacerlo en la playa, guapo?

—¿Cuánto es?

—Veinticinco euros.

El hombre acepta y se van los dos un poco alejados a hacerlo. Mientras lo están haciendo, la chica no puede aguantar y se tira dos pedos tremendos. Al acabar, el hombre le da treinta euros.

—Uy —sonríe ella—, ¿y estos cinco euros de propina?

—Eso por limpiarme las pelotas de arena.

Uno de Lepe va andando por el Barrio Rojo de Ámsterdam cuando siente la mirada de una prostituta sobre él. Se lanza sobre el cristal y dice:

—¿Cuánto cuesta esto?

—Veinticinco euros.

—Hala, qué barata la ventana para tener aislante térmico y todo.

¿Qué es el sexo para...?

—el marido: un minuto de placer y años de presión.

—la esposa: momentos de éxtasis seguidos de décadas de esclavitud.

—la madame: una pérdida de tiempo, pero nunca el mío.

—la puta: ¡siguiente!

Un español de visita de negocios en Japón. Está en su primera noche solo y aburrido así que decide contratar los servicios de una chica. Ya en el hotel se desnudan, se meten en la cama y cuando empiezan a hacerlo la chica no para de gritar:

—¡Hoshimota! ¡Hoshimota!

El hombre obviamente no tiene ni idea de lo que la chica grita, pero le da la sensación de que está disfrutando y piensa que le está agradeciendo sus artes amatorias.

Al día siguiente tiene una partida de golf con su jefe japonés. Están en el primer hoyo y es el turno del español que se coloca y consigue meterla en un solo golpe. Todos los allí presentes comienzan a aplaudirle y vitorearle en japonés. El hombre quiere agradecérselo de alguna manera así que dice lo primero que le viene a la mente:

—¡Hoshimota! ¡Hoshimota!

Su jefe le mira extrañado y le pregunta:

—¿Qué quieres decir con «agujero equivocado»?

Un hombre está acostado en la cama junto a una prostituta después de haber tenido sexo. La mujer le dice:

—¿Te apetece ahora una mamadita? Serán solo cuarenta euros.

—¿Qué dices? Estoy casado.

—¿Y qué tiene eso que ver?

—Que mi mujer me la hace por veinte.

Un padre estaba de paseo con su hijo por el barrio chino cuando de pronto ven a tres prostitutas desnudas asomadas a un balcón.

El padre sorprende a su hijo mirando alucinado y le dice:

—¿Se puede saber qué coño miras?

—Yo el de en medio, ¿y tú?

Dos amigos se encuentran por la calle y uno de ellos dice:

—Tío, el otro día conocí a una chica que no veas cómo estaba de buena. Tenía unas tetas tremendas, ¡qué tetas!, no te lo puedes ni imaginar, eran perfectas. Y unas piernas... qué piernas. No había visto unas piernas así en toda mi vida. En serio, eran perfectas y un culo... qué culo tenía la tía. Era toda una provocación. Perfecta, una diosa.

—¿Y cómo era de cara?

—Carísima, pero no te imaginas cuánto.

Dos ultra católicos sentados en la barra de un bar tomando una cerveza y mirando el prostíbulo que tienen enfrente. En esto que ven entrar a un rabino dentro.

—Es una pena que ese rabino haya caído víctima de la tentación.

Siguen mirando y ven entrar a un cura ortodoxo:

—Qué pena que un hombre de bien se deje arrastrar por el mal.

Continúan mirando y ven entrar a un cura cristiano:

—¡Qué horror! Una de las chicas ha debido morir.

Después de pasar toda la noche con una prostituta en un hotel, el político conservador saca trescientos euros de la cartera y se los deja encima de la mesita.

—Gracias —dice ella—, pero solo son treinta euros.

—¿Treinta euros por toda la noche? No puedes vivir solo con eso.

—No te preocupes, tengo a quién chantajear aquí mismo.

Un granjero llega a la ciudad en busca de sexo. Encuentra a una prostituta y se van a un hotel.

Cuando la chica se quita la ropa ve que no tiene nada de vello púbico.

—Pareces una oveja recién esquilada. En mi pueblo todas las mujeres tienen pelo ahí abajo.

—Pero tú a qué has venido, ¿a tejer o a follar?

¿Cuál es la diferencia entre una puta y una bola de bolos?

—Que en la bola no puedes meter los cinco dedos.

Dos prostitutas hablando y le dice una a la otra:

—Anoche gane quinientos euros y me sentí como una botella de champagne.

—Pues yo gané cinco mil y me sentí como un bote de pegamento.

Una prostituta que ha tenido muy mala noche de trabajo decide volverse en taxi a casa. Al llegar le dice al taxista que no lleva nada de dinero, pero se sube la falda y mostrándole todo le vuelve a decir:

—Pero puedes cobrártelo de aquí.

El taxista se vuelve hacia ella y le contesta:

—¿No tienes nada más pequeño?

Los amigos de un chico que nunca había tenido sexo le obligan a contratar los servicios de una prostituta por un par de horas. El pobre chico no tenía ni la más remota idea de qué tenía que hacer. Así que cuando llega la mujer, se desnuda y se sienta a su lado en la cama, el pobre está hecho un manojo de nervios.

—¿Sabes lo que quiero? —le pregunta ella.

—No.

La mujer se tumba en la cama y comienza a acariciarse los pechos mientras le susurra:

—¿Sabes ahora lo que quiero?

—No.

La prostituta abre las piernas todo lo que puede mientras comienza a tocarse.

—¿Ahora sabes lo que quiero?

—Sí —dice el chico—, ya me he dado cuenta. ¡Tú lo que quieres es quedarte con toda la cama!

Cinco rombos...

... Sólo para adultos (avisado quedas)

Una puta llega a su casa, se desnuda por completo, se prepara una copa, se queda delante del espejo observando su esforzada entrepierna y le dice:

—Por ti tengo dinero, joyas, lujos, un BMW y a muchos hombres.

De pronto se empieza a mear encima y dice:

—No llores, tonto, ¡que no te estoy regañando!

Un hombre va a un puticlub y le dice al chulo:

—Mire, necesito echar un polvo pero sólo tengo tres euros.

—Sí, claro, vete a la última puerta a la derecha.

El hombre va por el pasillo y cuando entra ve a una vieja que tiene por lo menos cien años. Resignado, empieza a montárselo con ella, mientras se lamenta:

—¡Ah! Qué duro y qué seco, qué dolor.

Cuando termina, se pone los pantalones y se va.

Al día siguiente vuelve al puticlub sólo con tres euros y le vuelven a enviar con la vieja. Empieza a hacerlo con ella y exclama:

—¡Oh! Qué fresquito y mojadito, ¿qué pasa hoy?

—Que lo que ayer era costra hoy es pus.

Un cliente llega a un prostíbulo buscando la prostituta más barata. Empieza a regatear con la madame hasta que harta de tanto regateo le dice que vaya a la última puerta donde encontrará a una prostituta esperando en la cama, pero que no se le ocurra encender la luz.

El cliente entra en la habitación y efectivamente ve el cuerpo de una mujer tendido sobre el colchón. Se quita la ropa, se tumba encima de ella y cuando va a empezar la faena se da cuenta de que la mujer no se mueve y le empieza a salir una babilla de la boca. Preocupado, sale corriendo en busca de la madame.

—Creo que le pasa algo a la chica. No se mueve y está empezando a babear y…

—¡Manolo! ¡Cambia la muerta, que ésta ya está llena!

Dos prostitutas están hablando de la crisis mientras esperan aburridas a que llegue algún cliente.

—¿Cómo te ha ido esta semana?

—¡Fatal! En cinco días no he tenido ni un solo cliente. ¿Y tú?

—Yo igual. Imagínate, el otro día se la tuve que chupar a uno gratis para llevarme algo caliente al estómago…

Dos amigos están hablando en un bar y uno de ellos dice:

—¿Sabes que hay una puta nueva en el puticlub?

—¿Sí?

—Sí, y además es increíble porque mientras te hace una mamada te canta una canción.

—Eso es imposible.

—Que sí, tío, que a mí me lo ha hecho.

El hombre, muerto de curiosidad, va al puticlub y contrata los servicios de la nueva puta. Cuando está en la habitación con ella le dice:

—¿Es cierto que puedes cantar mientras la chupas?

—Sí, pero ¿te importa que apaguemos la luz?

—No, lo que tú quieras.

La puta apaga la luz y empieza a chupársela mientras canta una canción. El hombre, alucinado, regresa corriendo al bar.

—Tenías razón —le dice a su amigo—, es impresionante, pero esto debe de tener truco.

—¿Tú crees?

—Sí, mira, vamos a hacer una cosa: esta noche te metes tú con ella y yo enciendo la luz para ver cómo lo hace.

—Vale.

Esa noche entra su amigo y cuando están en plena faena entra el otro en la habitación, enciende la luz y lo primero que ve es un ojo de cristal encima de la mesilla.

Un hombre muy escrupuloso entra en un puticlub y le dice a la madame:

—Quiero una señorita que esté impecablemente depilada.

—Bueno, eso le costará un suplemento.

—Verá, es que sólo llevo veinte euros.

—¿Veinte euros? Bueno, entonces vaya a la habitación de Roberta, que en este preciso instante se está depilando.

El hombre llega a la habitación y ve a la prostituta sentada en la cama, con una gran mata de pelo en el pubis. Indignado, va corriendo a hablar con la madame.

—¡Oiga usted! ¿Qué pasa, que se quiere reír de mí o qué?

—¿Qué ha ocurrido?

—Que usted me dijo que la tal Roberta estaba depilada y en mi vida he visto tanto pelo junto y tan negro. Así no hay quien se concentre, ¡qué asco!

—Esto tiene que ser un malentendido, vamos a ver.

La madame acompaña al hombre a la habitación y al ver a la puta, coge un periódico, lo arruga, le empieza a dar en la mata negra a la puta y le dice al hombre:

—¿Lo ve? Esto no es pelo, debajo de las moscas está totalmente rasurada.

Un chico cumple dieciocho años y su padre, muy orgulloso, le da un billete de cien euros para que vaya a un puticlub a estrenarse. De camino al burdel, se encuentra con su abuela.

—Hola, Miguelito ¿adónde vas?

—A un puticlub a celebrar que soy mayor de edad.

—Pero ¿qué dices? Con lo caro que es eso y encima te pueden pegar cualquier infección. Anda vente conmigo y así todo quedará en familia.

Cuando el chico vuelve a casa, su padre le pregunta:

—¿Qué tal ha ido?

—Genial, además me he ahorrado los cien euros.

—¿Cómo?

—Es que me encontré con la abuelita y me ha estrenado ella.

—¿Qué? ¿Me estás diciendo que te has acostado con mi madre?

—Bueno, tú también te acuestas con la mía…

Un negro llega a puerto después de pasarse seis meses pescando en alta mar y en cuanto pisa tierra se va corriendo a una casa de putas.

—Necesito una señorita, rápido —le dice al chulo.

—Aquí no queremos negros, que la tenéis muy larga y nos estropeáis a las chicas.

—Pero yo no…

—Nada, nada, aquí no tienes nada que hacer.

—Pero si la tengo muy pequeñita, mire, me hice un tatuaje y sólo me dio para poner «Recopla».

—Bueno, en ese caso no hay problema.

Entonces el negro se mete en una habitación con una de las putas y al cabo de un rato se oye gritar de dolor. El chulo corre hacia la habitación pero está cerrada con llave y golpeando la puerta grita:

—¡¿Qué está pasando?! ¡Abrid o la echo abajo!

La puta sigue gritando y el chulo sigue aporreando la puerta sin éxito, hasta que al cabo de un rato sale el negro muy satisfecho. El chulo entra corriendo en la habitación y se encuentra a la puta echa polvo.

—Pero ¿qué ha pasado?

—Con que «Recopla», ¿eh? En cuanto se empalmó se podía leer «Recuerdo de Constantinopla».

Un parado entra en un puticlub y le dice a una puta:

—¿Qué me ofreces por tres euros?

—¿Por tres euros? Te dejo que me lo comas.

La chica se lo lleva a una habitación y el hombre comienza a comérselo. Está centrado en su tarea cuando de pronto siente que algo se mueve y al segundo grita:

—¡Ah! ¿Qué es esto? ¡Ladillas!

—Bueno, por tres euros qué querías, ¿langosta?

Un hombre entra en un prostíbulo buscando el mejor sexo oral que tuvieran por cien euros. La madame le manda a una habitación contigua y le dice que espere allí a que vaya una de sus chicas. El hombre entra en la habitación, se quita la ropa y al momento entra una prostituta.

La chica le hace el trabajo que ha pedido y el hombre se corre en su boca. La chica mete el brazo debajo de la cama y saca una jarra donde escupe todo.

Acto seguido, el tipo le pregunta:

—Si te pago otros cien euros, ¿me lo puedes volver a hacer?

—Sí, claro —contesta ella.

Así que de nuevo le hace otro trabajito y el tío sorprendentemente tienen una corrida incluso mayor que la primera vez. La chica de nuevo coge la jarra y escupe todo dentro. El hombre, curioso con la escena, le pregunta:

—Perdona, pero ¿para qué es esa jarra? ¿Por qué lo escupes dentro?

—Tengo una apuesta con la chica que está en la habitación de enfrente: la primera que llene su jarra se bebe las dos.

Un padre estaba de paseo con su hijo por el barrio chino cuando de pronto ven a tres prostitutas desnudas asomadas a un balcón.

El padre sorprende a su hijo mirando alucinado y le dice:

—¿Se puede saber qué coño miras?

—Yo el de en medio, ¿y tú?

Dos amigos se encuentran por la calle y uno de ellos dice:

—Tío, el otro día conocí a una chica que no veas cómo estaba de buena. Tenía unas tetas tremendas, ¡qué tetas!, no te lo puedes ni imaginar, eran perfectas. Y unas piernas... qué piernas. No había visto unas piernas así en toda mi vida. En serio, eran perfectas y un culo... qué culo tenía la tía. Era toda una provocación. Perfecta, una diosa.

—¿Y cómo era de cara?

—Carísima, pero no te imaginas cuánto.

Un hombre entra en un burdel y le recibe la madame.

—Buenas noches, caballero, ¿qué desea usted?

Quiero sadomasoquismo.

—¡Perfecto! Le presentaré a Jessica, que se crió en un internado muy severo, es una apasionada de la disciplina y si ha sido usted un niño malo, sabrá meterle en vereda.

—¡Corte el rollo! Vengo a pegar.

—En ese caso a Vanessa le encanta sufrir.

—Señora, aviso que yo pago y pego, pero de verdad. Voy a darle cien mil euros a la puta que se los quiera ganar, pero le voy a dar hostias hasta en el carné de identidad.

—Bueno, entonces comprenderá usted que tengo que consultarlo.

—Le doy doscientos mil euros si se da prisa.

La madame va corriendo a preguntarles a las chicas cuál está dispuesta a soportarlo por doscientos mil euros y una de ellas se ofrece voluntaria.

El hombre, entra en la habitación y empieza a pegarle una paliza tremenda mientras la insulta.

Los gritos y los golpes se oyen desde fuera y una hora después el cliente sale por la puerta. La madame le acompaña a la salida y va corriendo a ver a la puta.

—¿Te ha pegado mucho?

—¡¿Que si me ha pegado mucho?! ¡Joder que si me ha pegado! Hasta que no le he devuelto los doscientos mil euros no ha parado.

En esta misma colección:

Ríete con... los mejores chistes de curas y monjas

El mejor chiste siempre es el que nos cuentan, sin duda. Y entre los temas que más nos hacen reír está el de curas y monjas. Y es que el hábito no hace al monje pero sí que fabrica un estereotipo que es fácil de imaginar y recrear. Este libro contiene algunos de los mejores chistes sobre los miembros (con perdón) del clero que jamás se hayan leído.

Ríete con... los mejores chistes crueles

Ante usted la más completa selección de chistes crueles. En este libro encontrará crueldades médicas, póstumas, universitarias, familiares, infantiles... todo un universo que especula entre lo macabro y lo "muy bestia". Estas páginas encierran lo mejor—o lo peor— del lado oscuro que todos llevamos dentro.

Ríete con... los mejores chistes de cornudos

El «cornudo» es objeto de escarnio en la cultura popular desde siempre. Ya sea en la literatura, en el arte o sobre un escenario en forma de canciones. No podía ser menos en una de las manifestaciones populares más comunes y divulgadas que existen: el chiste. De ahí que este libro reúna los mejores chistes de cornudos que garantizan un tsunami de risas.

Ríete con... los mejores chistes machistas

He aquí una afilada selección de chistes machistas, muy machistas... En este libro encontrará mucho veneno y mucha mala leche por parte de unos hombres que hablan de la relación de la mujer y la cocina, su vinculación con el deporte, el uso que algunas féminas hacen de la tecnología y cómo no, del sexo.

Ríete con... los mejores chistes feministas

Se dice que los hombres son como la publicidad, la mayoría de cosas que cuentan son mentira. Pero aquí encontrará toda la verdad sobre el género masculino y podrá reírse con todo aquello que a las mujeres se les ocurre sobre maridos, novios o amantes... Porque en la guerra de sexos todo vale, este libro es una muestra de lo más mordaz, irónico y sagaz que generan los conflictos de pareja.

Ríete con... los mejores chistes de médicos

El universo de médicos, enfermeras y pacientes siempre ha sido terreno abonado para las chanzas y las bromas más ocurrentes. Este libro recoge la faceta más cómica de esta profesión para elevarla a la categoría de clásicos del humor. La risa es la mejor terapia y también el mejor seguro de vida.